才能を伸ばす

驚異の子育て術

モンテッソーリ・メソッド

才能を伸ばす
驚異の子育て術
モンテッソーリ・メソッド

モンテッソーリ財団総裁　ティム・セルダン 著
清水玲奈 訳

X-Knowledge

目次

アートディレクション・デザイン　久能真理／デザイン　青柳萌々／DTP　天龍社

introduction

はじめに

モンテッソーリは、私の人生の一部。
モンテッソーリにかかわっていなかった頃の自分が
思い出せないくらいです。

この本は私の個人的な経験の集大成です。自分の子ども時代の体験、父親とモンテッソーリ教育の指導者としての体験、それから、優しさと協力の精神と敬意を持ってわが子を育てたいと願う数多くの親たちにアドバイスしてきた経験を取り入れています。私がこれまで学んできたことの多くは、自分の子どもたちを観察し、その言葉に耳を傾けてきたことと、自分自身が過去におかした間違いに基づいています。

育児はフルタイムの仕事です。一昔前まで、子育ては単純なものに思えました。お母さんが家にいて子どもを育て、お父さんが外に仕事に行きます。そして、子どもは親に従うものでした。たとえ、親が子どものすることをすべてコントロールし、言うことを聞かない場合は厳しく罰していたからだとしても。

今日、家族の形は多様化しています。働くシングルマザーや、家庭で子育てに専念するお父さん。お母さん2人と子ども、もしくはお父さん2人と子どもという家族。それに、3世代以上が同居する家庭も珍しくありません。親が一日中在宅しているという家庭は珍しくなっています。両親ともそれぞれキャリアを持っていたり経営者だったり、生計を立てるために共働きということもあるでしょう。また、乳幼児は、家庭で両親や祖父母、もしくはナニーやベビーシッターが見ていることもあれば、チャイルドマインダーや保育園に預けられることもあるでしょう。

また、多くの国で離婚が珍しくなくなっています。仕事と育児の責任を果たすために奮闘しているシングルマザーやシングルファザーや、離婚した相手と別々の家庭を築きつつも共同で子育てを続け、子どもが安定して首尾一貫した生活を送れるように努力している親も少なくありません。

一方で、インターネットやテレビなどのメディアでは、乳幼児に適切な環境と経験を与えることの重要性が繰り返し説かれています。子どもの脳は学習するようにプログラムされているが、年齢の低いうちに刺激を与えないといけないというのです。親に対するプレッシャーは高まっていて、わが子に十分な教育を施していないのではないかと不安に駆られてしまいます。

「わが子に 最高の家庭環境を 与えたいと願うのが 親心でしょう」

　時間と財力が許す限り、最高の家庭環境をわが子に与えたいと願うのが親心でしょう。そして、すべての親は教師であるということもまた真実です。親として与えられた使命は、子どもに母乳やミルク、食事を与え、抱いてやり、保護するだけではありません。自立していて自信を持って物事を成し遂げる大人に成長させ、幸せで充実した人生を歩めるように導くことも求められます。その過程は何年も続く長い旅路ですが、目標とするべきもの、その道筋でなすべきこと、そしてその理由を知っていれば大丈夫です。

　小さな子どもを育てていて、育児に新しい視点と実践的なアイデアを得たいとお考えなら、ぜひ本書を読んでみてください。親子でできるアクティビティーが満載ですし、子どもたちとともに人生のすばらしさを祝福したいというメッセージを込めました。ちょっとした工夫で簡単にできる方法で記念日をお祝いし、家族の愛情を確かめ合うことは、お子さんにとってだけではなく、母親や父親としての読者ご自身の人生にも大きなプラスになるに違いありません。

Tim Seldin

——モンテッソーリ財団総裁　ティム・セルダン

1

なぜ モンテッソーリなのか

why Montessori?

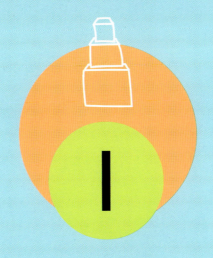

highs and lows of parenting

育児の喜びと悩み

**子どもは人生最高の贈り物のひとつ。しかし
現代の社会で思いやりを持って幸せな子どもを育てあげることは
親にとって難しい課題に感じられることもあるでしょう。**

親子の絆は赤ちゃんの誕生前から結ばれ、一生続くものです。親は何年にもわたって、子どもを見守ります。生まれて初めて笑い、ハイハイして、最初の言葉を話し、最初の一歩を踏み出す。成人までの旅路における重要な瞬間を、共に祝います。

子どものいる生活は楽しいことばかりではありません。抱っこしたり抱きしめたりするだけでなく、眠れない夜や、病気、かんしゃく、きょうだいげんかなどの問題が起きたときも、そばにいてやるのが親です。成長につれて、親としての自分についてよく知っているのは子どもの方だと思えてきます。子どもはどのボタンを押せば親が怒るか、どうすれば親の気分を操作してほしいものが手に入れられるかなどを、学習していくのです。「わが子の取扱説明書があればよかったのに」と思うこともあるでしょう。

現代の社会で思いやりを持って幸せな子どもを育てあげるには、どうすればよいのか分からないと悩むお父さん、お母さんはけっして珍しくありません。子どもはいつも、他の子が親に対して口応えをするところや、公園で友達とけんかをしたり意地悪を言ったりすると

一生続く絆
誕生の瞬間から、子どもは親が常に愛情と注目を注ぐ対象となり、親子の絆は大人になるまでつちかわれます。

ころを見聞きしています。親がいくら言い聞かせても、あまり効果を上げるようには思えません。その原因のひとつは、特定の状況で何をするべきかを事細かに提案する料理書のようなやり方だからかもしれません。もっと全体を網羅するような系統的な育児法が求められているのです。

親が手法を変えてみる

私の人生は、才気あふれる女性、マリア・モンテッソーリの仕事に深い影響を受けてきました。子どもの頃はモンテッソーリを採用しているすばらしい学校で学び、大人になってからは同じ学校の教師となり、やがて校長となって25年間勤務しました。モンテッソーリのメッセージと洞察、それに彼女が教えた実践的な教育法は、何十万人もの親子に影響を与えてきました。その手法は、モンテッソーリを名乗る幼稚園や学校で採用されていることが知られていますが、家庭でも有効で、しかも簡単に取り入れることができます。

モンテッソーリ教育の基本は、誕生とともに（あるいはできるだけ早い時期に）始まり、子どもの成長につれて強固になっていくホリスティックなアプローチに基づいています。正しく理解して採用すれば、幅広い子どもたちに理想的な教育法といえます。過去100年にわたって試されてきたシステムであり、全体的にも部分的にも取り入れることが可能です。おうちで実際に試してみれば、きっと効果が実感できるでしょう。

そのためにはモンテッソーリの教師になる必要も、自宅をモンテッソーリ幼稚園に改造する必要もありません。この本で紹介しているさまざまな方法をできる限り多く取り入れることで、親としての自信がつき、温かさと愛と思いやりと敬意に満ちた過程を築くのに役立つと信じています。

限界を試す
子どもが自立したいという衝動を示すようになると、親の対応は難しくなります。

what is Montessori?

モンテッソーリとは

100年前、ある若いイタリア人女性が
励ましと敬意を基本とした
全く新しい教育法を編み出しました。

マリア・モンテッソーリは、1870年のイタリアに生まれました。当時のイタリアは女性に対する態度が非常に保守的でしたが、彼女は数多くの障壁を乗り越えてイタリア初の女性医師になります。ローマ大学医学部の教員になり、その無料診療所を通して、貧しい家庭の子どもたちと関わるようになりました。そして、「子どもは誰でも、生まれつき驚異的な潜在能力を持っている。それを伸ばすには、幼児期に大人が適切な刺激を与える必要がある」と確信するようになります。

「モンテッソーリの仕事は
今日もなお生き続けています。
その体系的な手法は、
どんな状況でも応用し、
維持することができます」

この仮説をどうにか証明したいと願ったモンテッソーリは、1907年から、労働者階級の未就学児を対象とした保育園で監督指導を行いました。ローマで有数のスラム街にあったこの保育園が、モンテッソーリの最初の「カーザ・デイ・バンビーニ」、すなわち「子どもの家」です。それまで劣悪な環境でほとんど放任されていた子どもたちの多くは、攻撃的で、忍耐力に欠け、乱暴でした。

モンテッソーリが最初にしたことは、3・4歳児の子どもたちに日々の家事をやらせることでした。驚いたことに、子どもたちは実践的な生活上の技術を大いに喜んで身につけました。子どもたちは食事の準備と配膳、それに徹底した掃除を自分たちで行うようになりました。街を荒らす悪質ないたずらっ子が、礼儀正しく親切な、理想の子どもになったのです。

子どもの世界

マリア・モンテッソーリは、すべてが大人サイズでできている世界で小さな子どもがフラストレーションを感じ

ていることに気づき、小型のジャグとボウルを用意し、子どもの小さな手にぴったりの小型ナイフを入手しました。また、テーブルといすは家具職人に特注し、子どもが大人の助けを借りずに動かせるくらい軽くて子どもサイズのものを作らせました。床に座るのが大好きな子どもたちには小さなラグを与えました。床に敷いて作業をする場所を定められるようにすると、子どもたちは互いの作業を邪魔しないよう、ラグの周りをそっと歩くようになりました。

彼女の観察によれば、すべてが決まった場所に置かれ、静かで秩序ある環境に、子どもは好意的な反応を示しました。自分たちの動作をコントロールできるようになり、転んだり物を落としたりすることで静けさが乱れるのを嫌う様子が見受けられたのです。モンテッソーリは子どもに自立心を養う機会を与え、自分で物事を行えるように教えて励ますことによって、子どもが自尊心と自信を高めていくのを確かめました。

モンテッソーリは膨大な時間を重ねて子どもを観察し、子どもと触れ合ったのち、子どもはさまざまな発達段階（14～17ページ参照）を経ていき、段階ごとに特定の傾向や興味、考え方を示すと結論づけました。各段階で子どもたちは独特の論理を持ち、特定のアクティビティーを好み、特徴的なふるまいを見せることを発見したのです。

国際的な普及活動

最初の「子どもの家」はすぐに称賛を集め、世界的に大きく注目されるようになりました。国際的な評価を受けた科学者として、モンテッソーリの主張には絶大な信頼が置かれ、国家の首長や科学者、労働組合のリーダー、工場主、教師、そして母親たちの興味を引きつけました。医療活動は停止し、モンテッソーリの幼稚園や学校を世界に普及させる活動に全力を注ぐことになりました。世界の子どもたちの人権と知的能力を擁護する活動にあくなき挑戦を続け、1952年に亡くなるまで、「教育と平和」プログラムなどのプロジェクトに尽力しました。彼女の仕事は今日もなお生き続けています。その体系的な手法は、ほとんどどんな状況でも応用し、維持することができます。子どもたちの静かで責任感のあるふるまいに魅了され、その強い学習意欲を評価する人もいれば、モンテッソーリが子どもに自由と自主性と自立心をもたらすことを称える人もいます。

新しいスタート
マリア・モンテッソーリは科学的な手法で子どもの教育に取り組み、独自の教具を開発し、それを使う子どもたちの様子を観察しました。

sensitive periods for learning

学びの敏感期

子どもはさまざまな「敏感期」を経験していきます。
敏感期は学びに最適の時期であり、
もう二度と訪れないかもしれない絶好のチャンスです。

モンテッソーリは、子どもの知的興味と好奇心の発達は複数の段階を経ることを認め、これを敏感期と呼びました。この時期、子どもは周りの環境のある特定の側面に魅了され、夢中になります。この段階を理解することは、とても重要です。それぞれの段階を上手に生かせば、子どもの発達に深く効果をもたらすことができます。

モンテッソーリは、子どもの誕生から6歳までに現れる複数の敏感期を特定しました（16〜17ページ参照）。それぞれの敏感期は、子どもが一定の傾向を見せやすい時期を指します。このとき子どもは強い衝動を感じ、飽きたり疲れたりすることなく、周りのある物体に集中しつづけます。たとえば生まれてから数年間は、言語の敏感期にあります。周りの人が言うことやその言い方に注意を傾け、いつの間にか同じ言語を似た発音で話すようになるのです。これは明らかに生理的なメカニズムであり、子どもの中に深く刻み込まれていて、脈々と受け継がれている人類固有の技術や能力を伸ばす助けになっています。

「敏感期の子どもは
周りの環境のある側面に
強く興味を引かれます」

学習の基盤

敏感期の始まりと終わりは子どもによって異なるので、それぞれの子どもを注意深く観察し、対応する必要があります。幼少期に身につけたことが将来才能を伸ばしていくための基盤となることを忘れてはなりません。

親や教師が、子どもが迎えている敏感期に気づいて上手に生かせれば、子どもの学習と発達をより効果的にサポートできるでしょう。

限られたチャンス

敏感期の子どもはほとんど無意識のうちに新しいことを学び、新しい技術を身につけ、脳の特定の能力を伸ばしていきます。しかし、敏感期はやがて終わりを迎えます。夢中になっていた技術や概念を習得したら敏感期は消えるようで、適切な時に適切な経験と刺激を与えなければ、学習のチャンスは過ぎ去ってしまうのです。その後も同じ技術を学ぶことは可能ですが、長期間の努力と訓練が必要になります。たとえば2・3歳児にとって言語の習得は、たとえ複数の言語であっても、難しいことではありません。しかし、大人になってからでは苦労する人がほとんどです。

学ぶ時間

子どもは適切な時に適切な刺激を与えられれば、ほとんど無意識のうちに新しいことを学ぶことができます。

YOUR CHILD'S
BRAIN

子どもの脳で起きていること

敏感期の経験が脳の回路を変えることが、科学的に証明されています。複数のつながりのパターンが作られ、脳の「安定した風景」を形成していきます。これが、将来の学習と行動の基盤になります。

実践の手引き　敏感期（誕生から6歳まで）

ここに紹介する敏感期は、「力の時期」と呼ばれることもあります。モンテッソーリは、認知的発達のためだけではなく、子どもの幸福のためにも敏感期を生かすべきだと考えていました。

運動の敏感期
…誕生から6歳まで
赤ちゃんの不規則な動きは、やがて意志に従ったものになり、つかむ、触る、回る、バランスをとる、ハイハイする、そして歩くなどの運動ができるようになります。

言語の敏感期
…誕生から6歳まで
赤ちゃんは声や音を出す練習から始めて、赤ちゃん言葉から次第にきちんとした言葉やフレーズ、文が言えるようになります。

秩序の敏感期
…6カ月から4歳まで
いつも同じことをしたがり、一貫性と繰り返しを強く望みます。すべての物に決まった置き場所があることも大切です。

小さな物の敏感期
…1歳から4歳まで
手と目の協調性が発達すると、小さな物を扱うことに夢中になり、細部に気がつくようになります。

トイレトレーニングの敏感期
…1歳6カ月から3歳まで
神経システムが発達し、統合的に機能するようになると、ぼうこうと腸の動きがコントロールできるようになります。

音楽の敏感期
…2歳から6歳まで
音楽が日常生活の一部になり、音の高低やリズム、メロディーに大きな興味を示します。

親切と礼儀の敏感期
…2歳から6歳まで

礼儀正しく思いやりのある大人のふるまいをまねするのが大好きになり、まねしているうちに自分からできるようになります。

感覚の敏感期
…2歳から6歳まで

感覚の教育は誕生とともに始まりますが、2歳以降の子どもは五感（視覚・聴覚・触覚・味覚・嗅覚）を使った体験に夢中になります。

書くことの敏感期
…3歳から4歳まで

書くことは読むことに先行します。モンテッソーリ教育ではまず、鉛筆と紙を使って文字や数字の再現を試みます。

読むことの敏感期
…3歳から5歳まで

文字の記号とそれが表す音に強い興味を持つようになると、やがて単語を見て発音するようになります。

空間認識力の敏感期
…4歳から6歳まで

空間認識力が高まり、難しいパズルに夢中になります。

数学の敏感期
…4歳から6歳まで

モンテッソーリは、子どもが数と量に対して感受性を増す時期に、実物で数学を体験させる方法を編み出しました。

how your child's brain develops

子どもの脳はどのように発達するか

誕生からの6年間は成長期を通して最も急速に脳が発達する時期です。

子どもの脳が、生まれたときから周囲の環境に驚くほど強い影響を受けて発達することは、今日の科学では常識です。脳は言語をはじめとする技術を獲得するようにできていますが、その成長と変化は外部の刺激によってもたらされます。乳幼児期に家庭や集団保育の場で与えられる環境が、将来の基盤となります。

マリア・モンテッソーリは誕生から6歳までの子どもを注意深く観察し、子どもの発育過程を綿密に記録しました。彼女が出した結論は、100年以上を経た今日、乳幼児を対象とした最新の脳研究によって次々に証明されています。MRI検査では、発達途中の脳は知的・感覚的刺激に反応して神経回路を作り、複雑で永久的なネットワークを構築する様子が明らかになりました。この時期、乳幼児は、適切な環境と励ましと機会を与えられれば、自然に学んでいきます。

楽しい会話
母親たちが赤ちゃんに対して自然に用いる、歌うような言葉は、「母親語」（マザリーズ）と呼ばれます。これが赤ちゃんにとって一番聞き取りやすい音調であることが、科学的に証明されています。

栄養の科学

誕生から6歳までの子どもにとって、栄養と睡眠の他に本当に必要なものは一体何でしょうか。研究によれば、下記の事実が明らかになっています。

• 知的、感情的、社会的な発達は互いに関係しあっています。自分は愛されている、安全だ、守られていると感じた時に、脳の発達は最大になります。抱っこや慰めの言葉が、子どもが後の人生でストレスに対処できる基盤となります。

• 視覚・聴覚・触覚・味覚・嗅覚を使った感覚的な体験、そして身体的運動は、誕生時から脳に刺激をもたらし、脳内に永続する回路の連結を作り出します。

• モンテッソーリは、子どもが周りにある物を探求したり手で触ったりすることで脳が文字通り「手で作られる」と考えていました。これは科学的にも証明されており、身体的活動は海馬の細胞生成を促します。海馬は脳の中で記憶と学習の役割を果たす重大な部分です。

• 幼児期の語彙数は後の学校での成績を決定づける要素となります。赤ちゃんは生まれた瞬間から母語の音を学んでいきます。親子で会話をし、一緒に本を読んだり歌を歌ったりすることで、子どもの語彙は豊かになっていきます。

• 脳は一定の過程で発達していきますが、どの脳も、どの子どもも、個性的です。子どもには合図やリズムや気分を見守ってくれる親が必要で、親はそれらに適切な対応をとる必要があります。

運動能力
子どもが運動能力を使い、筋肉をコントロールする能力が発達する過程で、脳に一生持続する神経回路が作られていきます。

the magic of
Montessori schools

モンテッソーリ幼稚園

モンテッソーリのメッセージは今日も重要な意味を持ち、世界中の幼稚園や学校で盛んに実践されています。

大切にされて、新しい物事に挑戦するように励まされて育った子どもは、何でも自分でやりたがるようになります。尊重されて、自分でできるという自信のある子どもは、溺愛されて甘やかされている子どもに比べ、はるかに健康な精神を持つ、というのがモンテッソーリの主張でした。

モンテッソーリ教師は、学校の勉強ができることは、自分の能力に対する自信や自立した人間への成長に直結すると考えています。幼児のうちは液体の注ぎ方、手紙の書き方、足し算などを学びます。年齢が上がると、調査の方法や、インターネットで調べ物をする技術を身につけ、書くことや数学についてもより進んだ学習をします。子どもの自立心が十分に発達すれば、よく働く習慣や自律の精神、責任感を示すようになります。

作業の準備
床に座って作業するときは、小さなマットを自分で敷いて作業する範囲を定めます。

自由な学び

モンテッソーリの教室では、ふるまいや整理整頓についての基本ルールは定められていますが、子どもたちはやってみたい遊びを選び、好きなだけ取り組むことができます。思いのままに動き回り、ひとりで何かに取り組むのも、友達と一緒に行動するのも自由です。ふだんは自分で興味のある作業を選びます。ときには先生が手助けして一緒に選び、新しいことに挑戦し、それまでとは違った分野での思考を促すこともあります。ひとつの作業を終えたら、使った物を元の場所に戻します。子どもは自分が属するコミュニティーを管理することを教えられ、独立心とたくましいリーダーシップの技術を学びます。

こうしたガイドラインは家庭でも簡単に応用できます。居心地がよいと同時に秩序ある空間を作り出し、子どもが自由に作業をしたり遊んだりできるようにすれば、子どもは自信と自立心を発揮できるようになります。

きちんと片付ける
モンテッソーリの教室は、秩序を大切にすることで、子どもの自律の精神と自立心を高めます。

実践の手引き　子どもにぴったりのアクティビティー

モンテッソーリ幼稚園の教具は、魅力的なデザイン、小さな手にちょうどいいサイズ、そして子どもが自分で作業をなしとげられる工夫が特長です。子どもは作業を自分で最後まですることで、大きな満足感をおぼえます。

ボタンをとめる

洋服の前合わせを再現したおもちゃは、洋服を自分で着られるようになるために必要な技術を身につけるのに役立ちます。

靴磨き

子どもは真鍮や銀でできた小物を磨くのが大好き。自分の靴を磨く練習もできるようになります。

ジャグから注ぐ

陶器やガラス製の小さなジャグを用意し、丁寧に液体を注ぐ練習をしましょう。

文字を学ぶ

それぞれの文字をどう発音するかを学びます。母音のアルファベットは青に、子音のアルファベットはピンクに色分けされた「切り抜きアルファベット」で、単語や文を作ります。

手で書く

鉛筆を正しく持って書くには、手と目を協調させて使える能力が必要です。これを伸ばすために、金属のステンシルを使って、紙に形をなぞり書きする練習をします。

感覚の教具

半径と深さが段階的に異なる木製の円柱をブロックの穴に差す円柱差しは、大きさの違いを目で見て認識する練習になります。

right from the beginning

はじめの一歩を大切に

赤ちゃんは生まれつき好奇心が豊かで、創造性と知性を持っています。基本的なお世話に加えて、赤ちゃんの世界を豊かなものにしてあげれば、赤ちゃんは潜在能力を十分に発揮できるようになります。

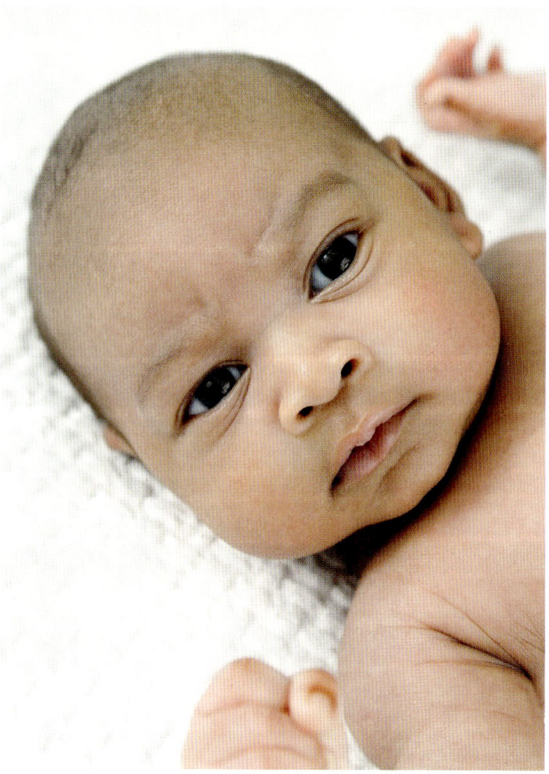

吸収力のある脳
生まれた瞬間から、子どもは周りの環境のすべてに反応し、影響を受けます。

赤ちゃんは、いろいろな意味で大人と大きく違っていますが、同じ部屋にいる大人と同等の完全な人間として、見聞きする物、においをかいだり触ったりする物をすべて記憶に深く刻んでいきます。このことをきちんと理解すれば、誕生の瞬間から最初の数日、数カ月、そして数年間にわたって親がすることや言うこと、それに子どもに触れさせるすべての物事が、わが子にどれだけ大きな影響を残すかが分かるようになるでしょう。

穏やかな誕生

そう遠くない過去には、赤ちゃんは病院の分娩室で生まれるのが当たり前でした。温かくて居心地がよく暗いお母さんの子宮の中に浮かび、外部の音からも守られて9カ月をすごしたのちに、赤ちゃんは誕生のトラウマを体験するのです。電気がまぶしく照らす騒がしい部屋で冷気にさらされ、乱暴に扱われます。医師が新生児に呼吸をさせるため、片脚をつかんでお尻をたたいていたことなど、今では想像もつかないかもしれませんが、かつては常識的に行われていました。その後も、お母さんと赤ちゃんが顔を合わせて一緒に休むことはなく、へその緒はすばやく切られ、赤ちゃんは別室に連れていかれて、体重測定と沐浴が行われました。

今日では、モンテッソーリのおかげもあり、誕生の過程を手助けするヘルスケアの関係者は、もっと思いやりのある対応をするようになっています。近代的なバースセンターや病院では、照明が暗めに抑えられ、室温は暖かく調節され、リラックスできる音楽を流すこともできますし、誰もが静かな声で話すように配慮します。生まれたての赤ちゃんはお母さんのおなかの上で休んで絆作りをしてから、沐浴や体重測定、身体検査を行います。もちろん、緊急時や赤ちゃんが帝王切開で生まれた場合はこの通りにはいきませんが、いずれにしても生まれてからはリラックスして穏やかなお世話を心がけたいものです。

「赤ちゃんは、大人と同等の
完全な人間として
見るもの、聞くもの、
においをかぐもの、
触るものをすべて記憶に
深く刻んでいきます」

すばらしい旅路
赤ちゃんの身体的発達を促すのは、新しいことを経験したいという欲求です。

赤ちゃんとの絆作り

誕生直後の数時間は、新生児が両親ととりわけ強い絆を作るために重要な特別な時間です。ローマにある国際モンテッソーリ協会（AMI）乳幼児アシスタントセンターのシルヴァーナ・モンタナーロ医学博士によれば、「研究の結果、母親が子どもの世話をする程度と質は、誕生後数日間にどれだけの時間を母子が一緒にすごすかどうかに強く左右されることが分かっています」。

親子のつながりは、赤ちゃんが親に抱っこされたりなでられたりするときに経験する身体的な接触から始まり、やがて、健康的な親子関係には欠かせない感情的な絆に発展します。これは双方向の関係です。赤ちゃんは親の腕に抱かれると安心し、顔やにおい、声に強い印象を受けて記憶します。同時に、親は子どもを目に入れても痛くないほど愛しく感じられるようになり、睡眠不足で慣れない育児に奮闘しなくてはならない最初の数カ月を乗り切ることができます。

お母さんとお父さんの双方が赤ちゃんとしっかりとした絆を作れるように、生まれたての赤ちゃんを交代で抱っこしたりなでたりしましょう。ひざの上の赤ちゃんを優しくなでたり、親が胸をはだけた状態で赤ちゃんを抱いたりして、温かくて親密なスキンシップを楽しみます。

未熟児で生まれた場合や医学的に問題がある場合は特に、ほとんどの赤ちゃんは、優しいベビーマッサージにとても好意的な反応を見せます。マッサージは赤ちゃんをリラックスさせると同時に、絆作りの過程を深めます。また、ぐっすり眠れるようになり、消化機能を向上させる効果が知られています。本やビデオもたくさん出ていて、マッサージの方法とともに、赤ちゃんをマッサージすることで得られるさまざまな効果を紹介しています。

穏やかな気分にさせ、安心させる

赤ちゃんは、大人が赤ちゃん言葉を使うと喜ぶものです。優しくささやいたり、歌いかけたり、おもしろい声を出したりすると、赤ちゃんの興味を引くことができます。そしてもちろん、揺りいすでそっと揺れながら、詩を暗唱したり、わらべうたや子守歌を歌ったり、本を読んであげたりするのが、泣いている赤ちゃんをあやすのに最も効果的な方法であることは広く知られています。

赤ちゃんの中にはちょっとしたことに驚いてすぐ泣き出す子や、寝つくのが苦手な子もいますし、触られることや光、音などの刺激に過敏な子は珍しくありません。そういう子でも、また話しかけたり歌いかけたりするとそっぽを向くようでも、心配はいりません。絆作りの努力を続けることが大切で、そのためには赤ちゃんにそっと触れてあげて、優しく話しかける他、周囲の雑音をできる限り抑え、照明は抑えめにしましょう。突然全く新しい世界に放り込まれた赤ちゃんは、やがてそんな世界にも慣れてきて、環境に適応できるようになるはずです。

YOUR CHILD'S **BRAIN**

子どもの脳で起きていること

発達を続ける赤ちゃんの脳に合わせるのが、最良の育児です。乳幼児期の基本的な脳の発達は、温かい感覚的・社会的な体験によってもたらされます。親と親密な関係で育てられる赤ちゃんは、神経生理学的に長期的な健康と幸福感を得られる可能性が高まります。

ベビーマッサージ
マッサージは赤ちゃんをリラックスさせると同時に、絆作りのプロセスを深めます。

やっぱり母乳が一番
赤ちゃんの栄養源として、母乳が最適であることが広く認められています。

お父さんの出番
搾乳した母乳を哺乳瓶で与えることで、お父さんも毎日の授乳ができます。

最適な栄養源

1960年代前後には粉ミルクが盛んに宣伝されて普及し、世界各地で何十年にもわたって母乳は時代遅れとされていました。今日、母乳の利点についての理解が進み、ラ・レーチェ・リーグなどの団体によるキャンペーンの成果もあり、母乳は再び赤ちゃんにとって最適の栄養源と認められ、かつてないほど広く母乳育児が実践されるようになりました。世界保健機構（WHO）の主張によれば、母乳育児の健康上の利点は、赤ちゃんが成人してからも続きます。

可能な限り母乳育児をするようにすすめたいと思います。母乳には数多くの利点があるからです。消化しやすい理想的な栄養源であり、赤ちゃんを感染や病気から守る作用のある抗体が含まれています。そして同じくらい重要なのが、母乳を与えるプロセスが母子の絆を深めるということです。お父さんも、搾乳した母乳を哺乳瓶で与えれば赤ちゃんとの絆を深めることができます。母乳育児ができない方でも、赤ちゃんをしっかりと抱き、目を見て優しく話しかけながら哺乳瓶で授乳すれば、親子の絆を深めることができるでしょう。

スキンシップ

赤ちゃんの肌は信じられないくらい敏感です。肌への刺激を防ぐため、おむつや産着は、最高級のコットンなどの天然繊維にこだわりましょう。高品質の産着を選び、化繊素材のものや無駄な飾りがあるものは避けてください。わが子がかわいく見えるからといってファッション性の高い衣類を選ぶのではなく、赤ちゃん自身にとっての着心地を最優先にしましょう。

自分の体を手で探求しはじめる生後数カ月の赤ちゃんの場合、自分で顔を引っかいてしまうことも肌への刺激になります。自由に探求ができるように、赤ちゃんの爪はいつも短く切っておきます。やがて赤ちゃんは足も使って探求するようになるので、足の爪も短く切っておきましょう。

生まれたばかりの赤ちゃんは、子宮の外での生活に慣れるまで、薄手のおくるみで全身をしっかり包んであげると喜ぶことがあります。1〜2週間経ったら、家の中にいるときは赤ちゃんの手足を出して、自由に足でけったり手を動かしたりできるようにしてあげましょう。

赤ちゃんの産着
肌への刺激を防ぐため、産着は天然繊維を使ったものにしましょう。

おむつ選び

紙おむつが大変普及していますが、柔らかい綿の布おむつを使うことをおすすめしたいと思います。洗濯する手間や、業者のおむつ洗濯サービスを使う費用を上回る大きな利点が3つあるのです。第一に、使用済み紙おむつが、各都市のごみ処理場でごみの山を生み出しています。第二に、天然のコットン素材は赤ちゃんの肌に優しいことが挙げられます。最後に、布おむつの赤ちゃんは、おむつが濡れるとすぐに気がつくので、おしっこを自覚できるようになります。この自覚が、のちに子どもが成長してトイレを使う練習を始められるようになったときに重要になります(92~93ページ参照)。

睡眠の必要

赤ちゃんはたくさん眠ります。睡眠は、大人と同様に、体を休めるとともに、脳がその日に受けた感覚的な印象や体験を処理してくれます。睡眠は赤ちゃんの身体的健康と精神的健康の双方に不可欠なものです。赤ちゃんは疲れたときや感覚的刺激を受け過ぎたときに、うとうと眠ってしまうことがあります。赤ちゃんは最近まで子宮の中に暮らしていました。温かく、居心地がよく、薄暗い世界では柔らかい音しか聞こえてきませんし、とがったものは何もありませんでした。生まれてからは、明るい光、うるさい雑音、予期せぬ動き、それに見慣れないものに触れて生活しています。こうした刺激が過剰に感じられて、外界から自分をシャットダウンするために眠るのも当然なことです。

赤ちゃんは眠りに落ちるときに抱っこされている必要はありませんが、親を近くに感じることで安心できます。大きめのムートンフリース(羊の毛皮)や小型の布団、またはマットレスを、リビングなど家族が集まる部屋に置いておくとよいでしょう。そうすれば、いつでも家族が活動している部屋に赤ちゃんが一緒にいられます。親が近くにいて声を聞けると安心できるでしょうし、周囲で起きていることに興味を持つことでしょう。周囲の様子を見たり聞いたりしながら、疲れたらいつでも好きなときに眠ることができます。

母から娘へと世代を超えて受け継がれてきた「寝た子を起こすな」ということわざは、今もなお真理を物語っています。寝ている赤ちゃんを突然動かしたり、乱暴にゆすったりするのはやめましょう。部屋を薄暗くして、静かな声で話すようにします。

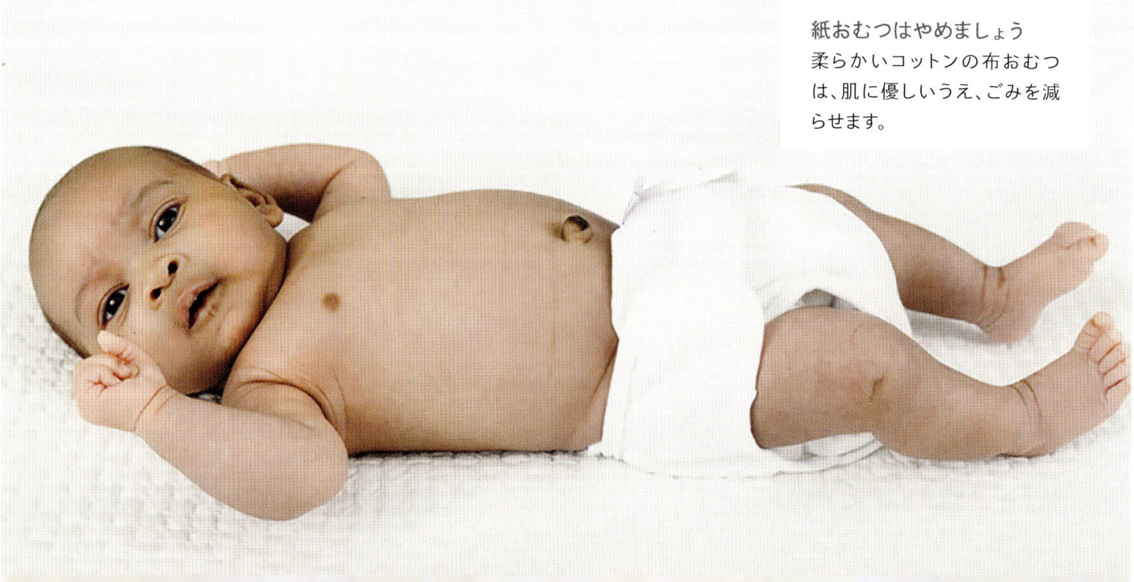

紙おむつはやめましょう
柔らかいコットンの布おむつは、肌に優しいうえ、ごみを減らせます。

赤ちゃんも仲間です
ムートンフリースに寝ころぶ赤ちゃんは家族の活動に参加していると感じられますし、眠いときはいつでも寝つくことができます。

your growing baby

赤ちゃんの発育

生まれてからの1年間で、赤ちゃんは急速に育ち変化していきます。赤ちゃんが新しいことをやりとげるのをしっかり見守り、祝福しましょう。

- すべての赤ちゃんを独立した人間として尊重して扱いましょう。
- 体を動かす自由を最大限与え、やりたいことを可能な限りやらせましょう。
- 赤ちゃんに適した安全な環境を与えることで、探求しやすいようにし、自立を促しましょう。

マリア・モンテッソーリは、赤ちゃんにシンプルに対応しました。上に挙げたのが、親がやるべきことです。

生後間もない赤ちゃんは、自分の体をうまく動かすことができません。手足の動きはぎこちないし、頭を持ち上げることもできないので、常に大人が注意深くサポートしてあげる必要があります。やがてある日突然、手足や顔の存在を発見し、大きな興味をおぼえるようになります。

たいていは生後3カ月までに、赤ちゃんをうつぶせにすると頭と胸を持ち上げるようになります。目の前にぶら下がっている物をつかんだり、おもちゃを握って振ったりすることもできるようになります。7カ月までに、自分の足のつま先を触ったり、手を伸ばして物を取ったりします。何でも口に入れるか、床に投げつけます。

新しい発見
赤ちゃんにとって、心を落ち着けるためにも、探求するためにも、手は大切な道具。爪を短く切り、手はいつも自由に使えるようにしてあげましょう。

自分で動く第一歩
寝がえりを打てるようになるのは、自分で動けるようになる第一歩です。

ちょっと手伝ってあげればお座りもできます。ほとんどの赤ちゃんは1歳の誕生日までにハイハイをして、つかまり立ちができるようになります。家具につかまって何歩か歩いたり、短い間立ち上がったりできるかもしれません。手をつないであげれば一緒に歩けるでしょう。

1歳児はどんどん移動が上手になり、できることが増えていきます。自立したいという生まれつきの衝動が表れてくるのです。たとえば、自分でカップを持って上手に飲めるようになります。着替えのときには、手足を伸ばしてくれるでしょう。子どもが自分で家の中を歩き回るようになるよりも先に、家の中を子どもにふさわしい環境に整えることが、次の重要なステップです。

making your home child friendly

子どもに優しい家にする

赤ちゃんや幼い子どもも
自分は家族の一員だという実感を
持てるようにしましょう。

モンテッソーリの考え方にかなった環境をおうちで実現するには、家に置く物、とくに生まれてから3年間に子どもが触れる物の重要性を認識しなくてはなりません。子どもの心は、触れる物の印象をスポンジのように吸収していきますし、とりわけ言語が発達する前の段階では感覚的な経験がすべてです。以下の2つの目標を忘れないようにしましょう。

- 子どもが自立し、自信をつけることができるように家の中を整えましょう。
- 美しく、秩序があり、落ち着いた雰囲気のインテリアにしましょう。

家の中にある物のサイズにも着目してみてくださ

自由に歩き回れるように
赤ちゃんは学ぶために、動き回り、探求する必要があります。安全な環境を作り出せば、赤ちゃんは自由に学べるようになります。

い。当然ですが、ふだん使っている家具も、インテリアの配置も、大人向けであることが分かるでしょう。洗面台やトイレ、テーブル、いす、ソファ、ベッドはすべて大人が使うことを前提に高さが決まっています。でも、乳幼児の体はとても小さいものです。全面的に改装する必要はありませんが、家族が集まる部屋は一番小さな子どもに合わせて工夫をしましょう。

安全が最優先

安全は常に最優先されるべきですが、赤ちゃんには動き回ったり探求したりする自由を与えられる必要もあります。目指すべきは、そうした自由を与えるために家庭環境を安全に整えて、常に見守るとしても、いつ恐ろしい事故が起こるかとびくびくするような事態は避けることです。安全について過度の不安を持つあまり、赤ちゃんをベビーベッドやサークル、ベビーシート、ハイチェア、スイングチェア、ベビーカーなどに閉じ込めておくという親は少なくありません。ベビーシートにくくりつけられて車の座席に固定されていた赤ちゃんが、今度はシートのままベビーカーに載せられるというのはよくあるケースでしょう。これでは自分で体を動かす自由も、人間どうしのふれあいもありません。

安全上の懸念のために赤ちゃんを束縛するのは理にかなっているように思われるかもしれませんが、ベビーシートに固定されている時間は、そのままわが子が学ぶチャンスを失っている時間でもあるということを、親は理解するべきです。自由を与えられていたら、筋肉の使い方を練習したり鍛えたりできますし、いろいろな物に手で触れて感覚的な刺激を受けて学べます。家の中を綿密に整えて安全にしておけば、親が不安に陥ることなく、赤ちゃんは自由に動き回り、探求することができます。

「安全は常に最優先されるべきですが、赤ちゃんには動き回ったり探求したりする自由も必要です」

安全のためのルール

家を安全にするためのさまざまな便利グッズも出回っています。ここでは基本的なルールをご紹介します。

- 子どもの手が届く範囲にある電気のコンセントは、すべてカバーをしましょう。
- 子どもの寝室、階段、それに子どもに入ってほしくない（出てほしくない）部屋の出入り口にはベビーゲートを付けましょう。
- 床の上や、成長していく子どもの手がいつか届きそうな範囲にある電気コードは、安全に固定するか、撤去しましょう。
- 室内の植物は、口に入れると毒性のある場合があるので、撤去しましょう。
- 薬品や工具、フォーク・ナイフなど危険な物を収納するキャビネットや食器棚には鍵をかけておきましょう。
- オーブンは、安全ロックや安全スイッチを使いましょう。料理に使っている鍋の持ち手は、調理台の後ろの方に向けておきましょう。
- 浴室には危険が潜んでいます（特にトイレやドライヤー、かみそりなど）。大人が見ていないときに赤ちゃんが浴室で遊ぶことのないようにし、薬棚には鍵をかけておきましょう。

planning the perfect first bedroom

ファーストベッドルームの準備

**赤ちゃんが動けるようになったら
整理整頓されて安全に楽しめる
ファーストベッドルームを設えてあげましょう。**

赤ちゃんは周りの環境のすべてを吸収します。色、模様、音、質感、においなどを敏感に感じ取ります。赤ちゃんの部屋を準備するときは、部屋の隅々まで美しくするように心がけたいものです。明るくカラフルで、清潔ですっきり片付いた部屋にしましょう。このことを意識しながら、赤ちゃんの視点で部屋を見回してみましょう。床にしゃがんでみると、何が見えますか。何が聞こえますか。赤ちゃんの人生において、生後間もなくはすべてが新鮮で珍しい時期であり、その印象は一生続きます。上質で美しい物を厳選するようにしましょう。

視覚的刺激

生まれたばかりの赤ちゃんは、比較的近い位置にある物に目の焦点を合わせる傾向にありますが、特に動く物の場合は遠くにあっても見えますし、その刺激を受けます。生まれたての赤ちゃんが最初に見て焦点を合わせる対象のひとつが、人間の顔です。親の存在や親子のふれあいが、インパクトのある視覚的刺激をもたらします。日が経つにつれて、周りに見える物への興味はさらに増していきます。ベッドやおむつ替えをする場所の上にモビールをつるして、観察できるようにしま

ベッドルームの基本
ファーストベッドルームは、落ち着いていて清潔感のあるシンプルなインテリアを心がけましょう。明るい色の絵やモビールをちょうどよい高さに飾り、赤ちゃんが見て楽しめるようにします。

しょう。モビールを手作りしてつるすものを時折変えれば、いつも新鮮な物を目にすることができます。

美術作品

子ども部屋の絵は壁のかなり低い位置にかけます(歩き始めた子どもの目の高さくらい)。テレビや映画のアニメなどの商業的な絵は避けましょう。子どもと動物を描いた美術作品の複製やポスターを、額に入れて飾るのがおすすめです。感受性の鋭い時期に、優れた美術や美しい物に触れさせたいものです。

音楽の価値

子どもの毎日の暮らしに大切な要素として必ず取り入れたいのが、音楽です。子どもが小さい時期にさまざまな種類の音楽に触れさせることには、大きな意味があります。赤ちゃんの手の届かない場所に、赤ちゃんに聞かせる音楽を流せるオーディオ装置を置きましょう。単純なメロディーを明確な音色で演奏した音楽を選ぶとよいでしょう。たとえば竹笛、クラシックギター、ハープなどです。大音量で赤ちゃんに過剰な刺激を与えることのないよう、音楽は控えめの音量で流しましょう。

美しいおもちゃ

生後数カ月までの赤ちゃんにたくさんのおもちゃを与える必要はありません。ガラガラを少しとぬいぐるみを1つか2つ与えれば十分です。とはいえ月齢を重ねるごとに、おもちゃはだんだん増えていくものです。特に3歳になるまでは、電池で動く高価なおもちゃを買うは必要ありません。その代わり、子どもが積み重ねたり、組み合わせたり、ときには複数の方法で遊べるような上質のおもちゃを選びます。子どもが見ている間に何

第一印象
赤ちゃんの注意を引き、視覚を刺激するために、ベッドやおむつ替えをする場所で手が届かない高さにモビールをつるします。

赤ちゃんが動きやすいように
低いベッドや床に敷く布団を使えば、赤ちゃんが動き始めたときに自由な動きが可能になります。

かが起きるという単純なおもちゃは避けましょう。楽しませてもらおうと受け身で待ち構えるのではなく、積極的に自分の手を使って遊べる子どもになるように促します。

現代のおもちゃ屋さんにありがちなプラスチックのおもちゃではなく、上質の木のおもちゃを選びましょう。小さな子どもは感覚的な印象を強く受ける敏感期にあることを忘れてはなりません。プラスチックのおもちゃはたいてい壊れにくく、比較的安いですが、上質の魅力的な木のおもちゃに比べて子どもも夢中になることは少ないですし、乱暴に扱われる傾向にあります。親として目標にしたいのは、美しい物を尊ぶことのできる感覚を幼少期から身につけさせ、同時に秩序感を養わせることです。

おもちゃは箱にすべてを放り込むのではなく、きちんと棚に入れましょう。小さなパーツからなるおもちゃなら、バスケットにひとまとめに入れておきます。

赤ちゃんのベッドや布団

新生児のベッドは、柵のあるベビーベッドを用意するか、小さな布団やマットレスを床に敷くのもよいでしょう。床に敷いた寝床なら、月齢が進んでハイハイできるようになったときに、自分で抜け出したりもぐったりすることができます。部屋に万全の安全対策を実現しておく必要がありますが、ベビーベッドに閉じ込められているよりも自由に探求できる方がずっと楽しいものです。入り口にゲートを設置し、コンセントにカバーをして、室内に置く物に配慮すれば、子ども部屋全体を安全な遊び場にすることは可能です。

防水カバーをかけた布団はおむつ替え台の代わりにもなります。寝返りが打てるようになった赤ちゃんに台から落ちる危険性があることは、容易に想像できる通りです。

おもちゃは整理して飾る
おもちゃは中身の見えないおもちゃ箱に入れるのではなく、子どもが出し入れしやすい棚に並べておきます。

adapting your home to a growing child

子どもの成長に応じて家の中を整える

子どもが自立して忙しくするようになったら、家族が集まる部屋で作業できるように場所を確保してあげましょう。

放っておくと散らかし放題にしがちな子どもですが、実は秩序のある環境を必要とする気持も強く持っています。子どもが毎日長時間すごす部屋では、きちんと片付いた空間を維持するように心がけましょう。このことが子どもの人格形成に与える影響は、計り知れないほどです。

ファミリールーム

ファミリールーム、リビング、遊び部屋など呼び方はさまざまですが、家族がいつも集まる部屋はひとつに決まっていることが多いでしょう。そうした部屋のインテリアは、子どもを念頭にデザインしましょう。本やおもちゃをきちんと美しく飾れる棚を、子どもの手の届く高さに置きます。一度に大量のおもちゃや本を出すのは避けましょう。おもちゃは、3つ以上のグループに分けます。特にお気に入りのおもちゃのグループはいつも棚に飾っておきますが、それ以外のグループは収納します。月に一度くらいの頻度で出し入れし、ローテーションさせるのです。

子どもサイズのテーブルといすを用意して、細かな作業ができるようにします。子どもが読み書きなどの作業をする際に正しい姿勢を保てるよう、家具は適切な高さでなくてはなりません。小さなラグを入れておくためのバスケットも用意しましょう。床で遊ぶときに、ラグを敷けばおもちゃを広げる範囲を定めるのに役立ちます(85ページ参照)。

キッチン

2歳くらいになったら、可能な限り、キッチンには小さなシェフのために子どもサイズの作業台を設けましょう。低い位置の引き出しにフォーク、ナイフ、スプーンを、低い位置の戸棚に子どもサイズの食器やグラス、ナプキンを入れておきます。冷蔵庫の低い位置の棚は子ども専用コーナーにして、飲み物を入れておく小さなジャグや、果物、おやつを作るのに必要な材料などを入れておきます。割れないプラスチック容器をピーナッツバター、ジャム、バターなどを入れるのに使います。

2歳児なら、自分で冷蔵庫を開けて、用意してあるお

子どもにぴったりの空間
低い棚やバスケットを使った収納なら、子どもが自分できちんと整理された環境を保てます。

キッチンで遊ぶ
家のキッチンに子どもサイズの作業台を設ければ、親のそばで料理をしたり遊んだりできます。

踏み台に乗って
子どもは洗面台に手が届くようにしてあげます。洗面所に置く踏み台は、しっかりとした壊れにくいものにしましょう。

やつやカップに入った冷えた飲み物を取り出すことができます。少し年上の子どもなら、ジャグからジュースを注いだり、自分でおやつを作ったりすることもできるでしょう(106～107ページ参照)。ヨーグルトやチーズなどのおやつは、小さな1食分のパッケージを選び、やはり冷蔵庫の棚に入れておくとよいでしょう。

洗面所

洗面所を見回して、子どもにとってどうすれば必要な物が使いやすくなるかを考えてみましょう。背が低くても洗面台が使えて、水道の栓をひねることができて、歯ブラシや歯磨き粉に自分で手が届くようにしてあげるべきです。大小のタオルも手の届くところに置き場所を決めましょう。洗面所に踏み台を用意することが多いですが、小さくて不安定な台では危険ですし、使い心地も悪いものです。できる限り、洗面所で使いやすい高さ15～20センチの踏み台を手作りするか、買って用意してあげましょう。

玄関

子どもにとって使いやすい玄関にするために、低いベンチを用意し、子どもがそこに座って左右の靴を洗濯ばさみでとめておけるようにしましょう。また、コートかけは子どもの手に届く高さに設置しましょう。

子ども部屋

子どもが2歳になったら、そのままふとんの上で寝かせるか、新たに低いベッドを買ってもよいでしょう。子どもが簡単に、安全にベッドに自分で出入りすることができるので、自立心を持つことができます。子どもが1歳以上なら、寝るときに上にかけるのはシーツと毛布ではなく、布団や寝袋を選んでもかまいません。こうすれば子どもが朝自分でベッドメイクをするのも簡単です。

子どもサイズの家具を用意するだけではなく、ドアノブや電気のスイッチも子どもが自分で操作できるようにしてあげましょう。電気のスイッチは市販の装置を使えば、子どもが自分でつけたり消したりできるようになります。

子ども部屋のインテリアはある程度まで親が決めますが、子ども自身の個性やそのときの興味も反映するようにします。おもちゃで遊ぶスペースに加えて、色鉛筆やクレヨンを使うお絵描きや、紙工作に使えるテーブルを用意します。掲示板を低い位置にかけて、子ども自身がよくできたと思う作品を飾ります。棚やテーブルもディスプレイに使えます。

音楽は、子どもの毎日の暮らしに大切な要素として必ず取り入れたいものです。お気に入りの音楽や歌のCDコレクションを、子ども部屋のプレーヤーの上に置いておきます。プレーヤーの正しい使い方を丁寧に見せてあげましょう。ローテーブルに合板の板を置けば、その上に建物の模型や人形、動物などで町や牧場を作って遊ぶのに理想的です。

理想の玄関

コートかけが手の届く位置にあり、低いベンチとスツールが置いてあれば、子どもも自分で出かける準備ができます。

秩序のある環境
すべての物に決まった置き場所があれば、子どもはいつも部屋を片付けておくことができます。

散らかった状態は避けるべきです。たくさんのパーツからなるおもちゃなら、プラスチックの箱かバスケットにひとまとめにします。モンテッソーリの教室の棚の様子（20〜23ページ参照）を参考にして、家庭でもできるだけ同じようにしましょう。積み木は持ち手つきのカラフルで丈夫なカンバスの袋に入れます。マジックテー

実践の手引き　子ども部屋のインテリア

すべてが手の届く位置にあって整った状態に維持されている子ども部屋なら、子どもは自立心が育つとともに、持ち物を大切にして丁寧に扱い、自分の部屋に対する責任感を持つようになります。

オープン収納
小さなバスケットは、たくさんのパーツでできたおもちゃを入れておくのに理想的。子どもが自分でお片付けできます。

鉛筆立て
色鉛筆はいつも削っておき、いつでも子どもが手に取って持ち運べるように鉛筆立てに入れておきます。

自然博物館コーナー
見つけた物を集めて並べる自然博物館のようなコーナーを設けましょう。

バスケットの収納
引き出しの代わりに、小さなバスケットを低い棚に入れて、靴下や下着を収納します。

低い位置の棚
おもちゃは低い棚にしまい、それからグループ分けしてローテーションさせ、一部のおもちゃでのみ遊べるようにします。

コートかけ
壁にコートかけを取り付けて、子どもが自分でコートや帽子、ドレッシングガウンをかけたり手に取ったりできるようにします。

段々できるように　絵の具でお絵描き

お絵描きは汚れて面倒な遊びではありません。アートコーナーを設けて、絵の具がこぼれたらモップでふけるようにして、必要な物をそろえて整えます。子どもがお絵描きをするたびに一連の手順を見せてあげます。

1
フレッドがビニールのオーバーオールを着て、新聞紙を敷き、絵の具を広口の容器に入れます。

2
最初は練習が必要でしたが、今では紙をイーゼルにクリップで留められるようになりました。

3
筆から垂れる絵の具を落とし、絵の具の入れ物のふちで筆をこそげてから絵を描きます。

4
絵が完成したら、物干しに洗濯ばさみでとめて乾かします。絵の具の入れ物にはふたをして、筆を洗います。

プを縫い付けて袋の口を閉じられるようにしておくとよいでしょう。乗り物で移動するときも、簡単におもちゃの袋を持って行くことができます。

絵と工作のコーナー

親は子どもの創造性を伸ばしたいと願うもの。子どもが絵や工作に夢中になれる場所を家の中に設けましょう。キッチンの一角や子ども部屋、廊下など、どこでもかまいません。部屋を汚すこともある絵の具やパステルを使ってよい場所を決めます。タイル張りの場所なら掃除が簡単ですし、大きなビニールシートやマットを敷いてもよいでしょう。

絵の具を使うお絵描きのためにイーゼルを置き、色鉛筆でのお絵描きや、工作、粘土遊びのためにテーブルを用意して、洗えるテーブルクロスをかけます。子どもの背の高さに合った小さな棚に、絵の具や筆、紙などを置きます。床置きの物干しを置けば、完成した作品を洗濯ばさみでとめて乾かすことができます。絵と工作のコーナーが完成したら、毎回決まった準備と、終わってからの片付けの手順を示すようにします。

絵の具や筆、鉛筆、クレヨン、紙などの画材は、予算が許す限り最高の品質のものを用意し、正しい使い方と、使わないときのしまい方などの扱い方を教えてあげましょう。画材は子どもの年齢に応じて、洗えば落ちるペンやクレヨン、絵の具、紙の他、布の端切れやいらなくなった物もコラージュ作りに使えます。画材はプラスチックの容器に整理整頓しておきます。

違う色の絵の具を混ぜあわせたら、プラスチックの容器に入れてふたをすれば、使える状態のまま保管できます。粘土も色別に密閉容器に入れて乾燥を防ぎます。使いやすい鉛筆削りを買い、いつでも使えるように鉛筆を削っておくことを、子どもに教えてあげましょう。

アートギャラリー

完成した絵は壁に飾り、家族みんなが見られるようにしましょう。アートギャラリーとして冷蔵庫を使うのは定番ですが、とりわけお気に入りの作品は特等席に飾るのがおすすめです。使いやすいマウントと額を買い、子どもが自分の作品を額に入れて家の中に飾れるように手助けします。きちんと額に入れた作品はずっと立派に見えて、注目したくなるものです。額に入れる絵は、時折新しい作品と入れ替えるようにしましょう。

watch and follow your child

子どもを観察し、付き添う

**親は子どもを導いてやらなくてはならないと思いがちですが
モンテッソーリは逆に
親が子どもについていくべきだと考えていました。**

メモを取りましょう
子どもの好きなアクティビティーを記録すれば、能力の発達や興味の移り変わりを知るのに役立ちます。

わが子を観察することにどれだけ時間をかけていますか。別のことをしながら何となく眺めているのでは、観察しているとはいえません。一定の時間、完全にわが子に注意を集中させるのです。モンテッソーリ教育を家庭で取り入れるうえで最初にするべきことは、落ち着いて腰を下ろし、子どもが何を見ているか、何を言っているか、何をしているかをじっくりと観察することです。親がじっくり注意を傾けさえすれば、子どもは必要としていることや興味を自然に教えてくれます。

子どもを観察する方法

ノートか手帳を用意し、観察記録をつけると便利でしょう。子どもを観察するための時間を定期的に設けましょう。子どもの近くにゆったりと座り、遊んでいる子どもをじっくりと観察し、言うことに耳を傾けます。その様子を書き留めれば、年齢ごとの興味深い行動記録になりますし、特定の時期に現れつつある新しい行動パターンを見つけることもできます。子どもの行動の意味を解釈するように試みましょう。子どもが新しく何かに夢中になっていたら、その興味を促し、発展させるための新しいアクティビティーを取り入れることを考えましょう。

何を観察するか

子どもについて常に当てはまる事実といえば、子どもの好みや興味、能力は、日々予知できない方向に変化していくということだけです。このことを常に覚えておきましょう。子どもを観察するときはいつも、過去に経験したことや見たことは忘れて、その場で現実に起きていることだけに注意を払うように心がけます。

子どもが遊んでいるときは、どのおもちゃを選ぶかに注意しましょう。そのおもちゃをどのように使うでしょうか。ひとりで遊ぶのが好きでしょうか、それとも友達と一緒でしょうか。一定の時間観察していたら、何らかの傾向が見えてきますか。家の中で子どもが静かにそっと移動するか、それとも、音を立てたりぶつかったりするかにも注意しましょう。家の中でお気に入りの部屋はありますか。その部屋の何に引かれているのか分かりますか。

食事のときには、子どもが好きな物に注意を払いましょう。こぼさずに飲むことができますか。手と目を協調させて、フォークやナイフ、スプーンを使うことができますか。食事中のふるまいはどうですか。その日の出来事を話すのは食事中が多いでしょうか。

観察しながら、子どものしていることに介入する前に、そうするべきかどうかをよく考えましょう。観察の目標は、わが子の行動から学ぶことであって、一挙一動に反応して間違いを指摘することではありません。

ただいま探検中
子どもが家の中を動き回り、探求している様子を観察しましょう。わが子は静かで注意深いでしょうか、にぎやかで素早いタイプでしょうか。

2

五感を使った発見

discovery through the senses

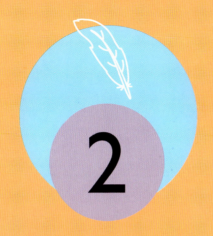

シンプルな香り
子どもに花を楽しむ機会を与え、感覚を喜ばせるようにしましょう。

building sensory awareness

感覚の意識を育てる

「子どもは生活の中で学ぶ」という
古いことわざがあります。
モンテッソーリ教育の本質もそこにあります。

生まれたての赤ちゃんが五感を使って周りの世界とふれあう様子は、すでにこの本で見てきた通りです。モンテッソーリの信念は、この延長として、赤ちゃんや小さな子どもが物理的な世界への注意を向けて、視覚、聴覚、味覚、触覚、嗅覚の五感を使い、ある物のさまざまな特徴を探求するように促すべきだというものでした。日常生活のさまざまな側面に興味をかきたてる機会を作って、特定の感覚を刺激するアクティビティーを通して五感を使う練習をすれば、子どもの意識を開花させることができます。

脳の発達を促すために

誕生から6歳までの間は、神経系が急速に発達する時期なので、五感を発達させる練習をすることに、とりわけ大きな意義があります。子どもの五感を刺激して、さまざまな物の異なる特徴に気づいて区別するように促せば、神経系と脳の間に刺激が伝わります。これが繰り返されることで、脳の正常な働きに欠かせない重要な刺激を脳が受け取り、脳内の神経回路が強化されていきます。将来子どもが学習の方法(知識の吸収、統合、応用)を学べるかどうかは、乳幼児期から脳の回路が正常に作られてきたかどうかにかかっています。

触感を通しての発見
単純な木のパズルがすばらしいのは、子どもが物の形に注意を集中できるようになることです。

how babies experience their world

世界を体験する

**生まれて数カ月の間、赤ちゃんは
周りの環境に入り込んでくるほとんどすべての物について
目で見て、耳で聞いて、手に取り、口で味わい、においをかぎます。**

感覚の教育は、生まれたての赤ちゃんを親が初めて抱き上げ、親子が寄り添うときから始まっています。その後も感覚的な経験は続きます。安心できるお母さんやお父さんの肌のにおい。周囲のありとあらゆる物の様子、音、におい。柔らかい肌にふれる衣類の感触。口の中に初めて入ってくる離乳食の味。

生まれてから数年間、赤ちゃんは鋭い観察眼を持っています。目にする物すべてが脳と神経系を刺激し、印象を刻みます。また、赤ちゃんが抱く安心感や信頼感にも影響を与えます。

「感覚の教育は
生まれたての赤ちゃんを
抱き上げたときから
始まっています」

鋭い視覚

赤ちゃんにふさわしい家庭環境を整えるうえで、視覚的な刺激をもたらす物を取り入れるべきであることは広く知られています。赤ちゃんの視力がどのように発達するかを理解すれば、参考になります。

生まれたてのとき、そして生後1カ月くらいまでは、赤ちゃんの目は30.5センチくらいの距離に焦点を合わせていることが多いものです。じっくり観察すると、時折赤ちゃんの視点がさまようのが分かるでしょう。ときには斜視のように見えることもあるかもしれません。赤ちゃんが見える物の中で、最も敏感に反応するのは人間の顔、特にお母さんとお父さんや、一番よくお世話をする人の顔です。微妙な色や影には気づかず、コントラストの強いはっきりしたパターン、特に白黒のパターンに注意を払います。

生後3カ月くらいになると、もっと遠くに焦点を合わせられるようになります。人の顔を集中して見たり、動く物を目で追いかけたりするようになります。身近な人

五感の目覚め
触覚、聴覚、嗅覚でお母さんを認識することが、五感の教育の始まりです。

見て学ぶ
生後数カ月までの幼い赤ちゃんは、目と手を使った探求に夢中になります。

や物は、遠くからでも認識できるようになります。見える物に手を伸ばすようになります。7カ月くらいになると、すべての色彩が認識できるようになります。遠くも比較的よく見えますし、動く物を目で追うのも上手になります。

赤ちゃんの視覚の発達を促すために、親ができることはたくさんあります。赤ちゃんに話しかけるときは目を合わせ、赤ちゃんの反応を見守りましょう。同じ物を一緒に見るようにして、見える物について話しましょう。ゆっくりと動くきれいなモビールは、動くたびに常に見え方が移り変わります。家の中に2つか3つつるし、時折場所を入れ替えて、違った見え方を楽しめるようにしましょう。

音楽の刺激

音楽を聴くことは、五感を育てるうえで重要な体験です。赤ちゃんを音楽の世界にいざなう方法はいろいろあります。赤ちゃんがおなかにいるときから、歌ったり、録音された音楽を流したりすれば、水中にいるときの私たちと同じように、胎児にも音やリズムが聞こえているのを感じることができるでしょう。

赤ちゃんや小さな子どもは、録音された音楽を聴く体験をしっかりと心に刻み、環境から受ける刺激の一部としてとらえます。メロディーや子守歌はとても大切で、赤ちゃん時代に形成される深い記憶の一部として残ります。赤ちゃんの部屋で流す音楽の音とリズム、それに成長につれて子どもが覚える歌の歌詞が、その後の音楽教育の基礎となります。

音楽はまた、数学やパターン認識を担う脳の部分の発達にも直接関係していることが分かっています。言い換えれば、音楽鑑賞には、芸術的感性を育てるだけでなく、脳の発達を大きく促す効果もあるのです。

手から口へ

おっぱいやミルクを飲み始めたときから、口は赤ちゃんにとって探求と喜びの源になります。離乳には、単に赤ちゃんがごはんを食べられるようになるだけではない大きな意味があります。赤ちゃんは、新しい食べ物に出会うたびに味と触感に興味を引かれてわくわくします。成長するにつれて、手の届く物は何でもすぐに口に入れるようになります。

適度な刺激

月齢の浅いうちから、赤ちゃんは物を拾い上げ、重さや質感、温度を探求するようになります。手・目・耳・口・鼻を総動員して、出会う物すべてを調べ上げます。1歳になるころには、ますます好奇心が強まり、ひとつのことに集中できるようになります。気になった物について、いくらでも時間をかけて見たり調べたりするようになります。

刺激は過剰でも少なすぎてもいけません。赤ちゃんはどのように感じているかを伝えることが上手です。刺激が多すぎれば、ストレスを感じて眠ってしまうでしょう。刺激が少なすぎても眠ってしまいます。バランスを保つように努めましょう。

YOUR CHILD'S **BRAIN**

子どもの脳で起きていること

胎児の感覚の中で、特に高度に発達するのが聴覚です。子宮の中では、外の音は弱まりますが、お母さんの声だけは母体に共鳴してはっきりと聞こえます。妊娠25週以降に胎内で繰り返し聞いた歌や音楽は、生まれてからも覚えています。

何でも味わう
生後6カ月くらいになると、手が届く物はすべて口に入れるようになります。

basket of treasures

トレジャーバスケット

**赤ちゃんが暮らしているのは魔法のような世界。
すべてのものが赤ちゃんに発見されて
探求されるのを待っています。**

お座りができるようになり、手で物が持てるようになったら、赤ちゃんは「トレジャーバスケット」に夢中になるでしょう。日用品や自然界の物を集めてバスケットやしっかりした箱に入れ、低い位置に置いておきます。中に入れる物は、赤ちゃんが飲みこめない大きさに限ります。とがった物も避けます。子どもが手に持ったり口に入れたりしたときに危険がないように注意します。トレジャーバスケットは少し成長してからも楽しめます。常に新しい物を加えるようにする他にも、一部の物は興味を引くようにまず小箱にしまってからバスケットに入れておくとよいでしょう。

中に入れる物

トレジャーバスケットは驚きと発見があるように作ります。中は50個から100個の間で、親が想像力と常識の双方を働かせながら、形・色・質感・重さ・においなどの特徴がはっきり異なる物を選んで入れます。財布や大きなくるみの殻、松ぼっくり、筆、羽根、ベル、すべすべした石などがおすすめです。大人は視覚に頼りがちですが、赤ちゃんや小さな子どもは五感をとぎすましています。表面にはっきりした模様や質感があるもの、特徴的なにおいがあるもの、触ると冷たいもの（石など）、動かすと音がするものはとりわけ興味を引きます。幼児にとってはすべての物が新鮮で、わくわくさせてくれるものです。

トレジャーバスケットは長い間子どもを楽しませることができます。30分集中することも珍しくありません。赤ちゃんには刺激が強いので、疲れていたり眠かったりしないタイミグを選ぶことが大切です。初めてトレジャーバスケットを与えるときは、何も言わずに中の物を取り出し、よく調べて、バスケットに戻しましょう。子どもはすぐに自分で同じ物を取り出すかもしれませんし、まったく別の物を選ぶかもしれません。親は手を出さずに近くで見守るようにし、子どもが自分で探求するままにします。子どもは親に近くにいてほしいと思う反面、邪魔されるのは嫌うものです。

宝物のコレクション
トレジャーバスケットの中の宝物に、子どもは夢中になります。何度でも繰り返して探求することでしょう。

実践の手引き　手で調べる

プラスチックのおもちゃやぬいぐるみと本物は明らかに違います。そして、赤ちゃんは本物を探求するのが大好きです。トレジャーバスケットなら、微妙に異なるさまざまな色や質感、音、においを楽しめます。

客観的な探求
赤ちゃんはある特徴にひかれて、その物をお気に入りにすることがよくあります。何度も繰り返し手に取って、その特徴を調べることでしょう。

味覚
おしゃぶりは赤ちゃんに大きな満足をもたらします。バスケットに入れる物は口の中に入れることを想定しましょう。清潔でなめらかで、安全な物であれば、おしゃぶりを止める必要はありません。赤ちゃん自身が、おいしい物とそうでない物を決めるでしょう。

触覚
松ぼっくりのように表面の模様や質感が特徴的な物は、とりわけ魅力的です。どれもが同じように感じられるプラスチックのおもちゃとは違い、強化ガラス製品や磨いた石も、触ると冷たくて興味深いものです。

視覚
視力が発達中の低月齢の赤ちゃんにとっては鮮やかなコントラストが重要でした。しかし成長すると、大人と同じくらい視力が発達し、自然の色や微妙な陰影、形の組み合わせが分かるようになります。はけなどの単純な調理用品はとても魅力的です。

聴覚
ふたつきの小さなびんに豆や種を入れれば、おもしろい音が出る楽器になります。小さなベルや、硬い紙を入れて口を絞った袋なども同様です。金属のチェーンやビーズを通した糸、計量スプーンも、振ると他の物にぶつかって音を立てます。

探求
赤ちゃんがトレジャーバスケットの中身に飽きたら、テクスチャーバスケットを与えてみましょう。集中すれば、20分から30分もテクスチャーバスケットの中身を探求して遊ぶことがあります。もういいと本人が決めたらそこで終わりにしましょう。

嗅覚
赤ちゃんは嗅覚が発達しているので、においを出す物を厳選して入れておくと喜ぶでしょう。袋に入れたハーブや、ラベンダーのサシェ、レモンなどを入れておきましょう。香りのいいお菓子やバニラビーンズ、コーヒー豆を塩入れに入れて与えるのもよいでしょう。

トレジャーバスケットの中身のアイデア

トレジャーボックスに入れる物は新しく購入し、使う前に洗いましょう。

金属：チェーン付きの栓、ベル、計量スプーン、小型の泡立て器

自然の物：松ぼっくり、スポンジ、アボカドの種、羽根、大きな石、貝がら

木：木のスプーン、木の卵、はけ、洗濯ばさみ、積み木、靴ブラシ

ガラス：卵カップ、スパイス入れ、塩入れ、小さなペーパーウエイト、糸に通したガラスビーズ

布・レザー：サテンやベルベットのリボン、ウールの玉、小さなさいふ、シルクのスカーフ、ポンポン、キーホルダー

ゴム・プラスチック：ゴムのボール、せっけん台、歯ブラシ、体洗いのパフ、ゴムの腕輪

以下のような物は避けましょう

- 小さくて窒息の危険性がある物
- とがった部分がある物
- 糸やかけら、部品が外れる可能性のある物
- 口に入れると危険性がある物
- 色落ちする染料を使った物

sensory activities that help children learn

学びを促す五感のアクティビティー

五感を育てる遊びをすれば、一生にわたって世界をできる限り楽しむ力が身につきます。

子どもの感性を磨き続けることはとても大切です。五感を鍛えると、身体能力は伸びないとしても、子どもが世界をより深く体験できるよう、見る、聞く、触る、味わう、においをかぐ練習をさせることができます。モンテッソーリ幼稚園では、感覚が教育課程の一部になっています。

初歩の段階では、高さ・長さ・幅などの特徴が異なる複数の積み木などの中から、同じ2つを見つけて対にする遊びをします。その他に、重さ・におい・味・温度・音が同じ2つを見つける遊びもあります。より上級になると、1セットの物について、長さや高さ、色調、形などのひとつの特徴をもとに順番に並べるエクササイズをします。こうしたパズルやゲームは、意義のあるチャレンジになるよう必要十分な難易度にすると、子どもが夢中になります。また、これらは語彙の練習にもなり、幾何学的な形から植物や動物まで、いろいろな言葉が覚えられるでしょう。正しい名前を覚えれば、これまで日常的に見ていた物も新鮮に感じられます。

この章で紹介したアクティビティーはシンプルですが、いずれも同じ原則に基づいています。使う教具の多くは手作りできますし、モンテッソーリ教具は市販もされています。

「五感のアクティビティーは意義のあるチャレンジになるよう必要十分な難易度にします」

ギター弾きの少女
イモジェンはギターの弦をかき鳴らし、それぞれの弦から響く異なる音を体験します。

色分け
ボタンの分類は楽しい作業です。視覚と触覚を刺激します。

混ざったボタン
大きさや形の異なるボタン、動物の骨や木、金属など違う素材のボタンを混ぜれば、難易度を上げることができます。

色・形・大きさ

子どもの視覚を主に刺激する遊びは、同時に他の感覚も刺激します。

物を分ける（2〜5歳）

形、大きさ、色などの見た目の特徴で物を分類するアクティビティーは、小さな子どもにとってやりがいがあり、よく注意して問題解決を行い、論理的な選択をする練習となります。準備として、形や色、大きさの異なる魅力的な物をいくつか集めます。小さな子ども向けには選ぶ物の大きさに注意を払い、飲み込んだり鼻や耳に入れたりすることのないようにします。さまざまな形や色の積み木は幼児に理想的です。

3〜4歳児ならボタンの分類がよいでしょう。手芸用品店でボタンを買うか、手持ちの裁縫箱に同じボタンが4つ以上あれば、それを使います。大きなボウルに種類の異なるボタンを混ぜ合わせて入れておき、子どもはひとつのボタンを選んだら小さなボウルに入れて、同じボタンをすべて見つけます。

積み木を重ねる（1歳6カ月〜3歳）

大きさが段階的に異なる積み木のセットは、視覚の発達のために理想的なアクティビティーです。入れ子の箱やカップのおもちゃは、積み重ねて塔が作れますし、遊び終わったら重ねて片付けるのも楽しいもの。子どもは遊びながら、「より大きい」「より小さい」の概念を学びます。モンテッソーリ幼稚園では、3歳くらいになると段階的に大きさの異なる10個の積み木を使って、ピンクタワーを作ります。

段々できるように　ピンクタワー

ピンクタワーの積み木はすべて同じ色でできているので、子どもは大きさだけに集中できます。10個の立方体は一辺の長さがそれぞれ1〜10センチで、1センチ刻みで大きさが異なり、順番が分かりやすくなっています。

1
ローレンが小さなラグの上で作業します。一番大きな立方体を見つけて、両手で置きます。

2
重ねる順番を間違えるとすぐに気づきます。どこかおかしく見えたりぐらついたりしたら、考え直さなくてはなりません。

3
ローレンは小さな積み木を片手で持ちます。こうすると、大きさの感覚が筋肉の印象として刻まれます。

4
積み木の表面はすべらかで重ねやすくなっています。タワーが高くなってきました。

5
タワーを倒さないように気をつけて、最後の積み木を載せます。

6
とうとう一番小さな積み木を載せました。ピンクタワーの完成です。

木のパズル
ピースにつまみがついた単純な切り抜きパズルを選び、最初は一度に1ピースだけ挑戦させましょう。

形合わせ（2〜4歳）

このおもちゃにはいろいろなバリエーションがありますが、芯棒とピースが組み合わさったものが代表的です。ピースを外した状態で渡し、子どもは正方形、八角形、円など同じ形のピースどうしを組み合わせます。同じ形のセットの中で最大のものを見つけたら、それを芯棒に通して一番下に置きます。すべてのピースを重ね終わるまで作業を続けます。間違えると、小さなピースの上に大きなピースがはみ出して見えるので、子どもが自分で気づくはずです。

単純なパズル（2〜5歳）

単純なパズルは幼児のおもちゃの定番です。魅力的な絵柄の木のパズルを選びましょう。厚紙でできたパズルや、枠にきちんとはまらないパズルは避けましょう。3歳未満の子どもには、それぞれのピースに大きなつまみが付いているものを与えます。親が自分ではめたくなるかもしれませんが、その誘惑に屈しないように。

カラーチャートの色合わせ（3〜5歳）

モンテッソーリ幼稚園では、異なる色を塗った木の板を用意し、子どもが原色と二次色や異なる色調の区別と、さまざまな色と色調の呼び方を学ぶために使います。ペンキの色見本のカラーチャートは日曜大工店で簡単に手に入り、これをたくさん用意すればおうちでも同じことができます。

チャートから色のセットを3種類作ります。それぞれのセットは色だけが違っていて、同じ大きさです。まだ小さい子どもなら、黄、赤、青でそれぞれ明暗が異なる2種類ずつ入った6色のセットから始めましょう。子どもには3原色をそれぞれ対にするように言い、これらの原色の呼び名を学ばせるようにします。

これができるようになったら、原色と二次色の11色（黄、赤、青、緑、オレンジ、紫、ピンク、茶、グレー、白、黒）ごとに、明暗が異なる2種類が入っている第2のセットを与えます。もっと難しくするには、9色（黄、赤、青、緑、オレンジ、紫、ピンク、茶、グレー）の異なる色調が7種類ずつ入っている第3のセットを与え、一番明るい色調から一番暗い色調まで順番に並べる練習をします。

すべてのチャートを並べると、見事な色のディスプレイができあがります。

難易度を上げる方法はいくつもあります。たとえば、室内の何かに一番色が近いチャートを見つけさせましょう。第3セットから1つのチャートを選び、記憶だけを頼りに、それより1段階色調が明るいか暗いチャートを選ばせるのもよいでしょう。3つ目の応用として、年長の子どもなら、特定の色に白か黒を混ぜて色調の違う色を作り出す練習ができます。原色からスタートして白を少しずつ加えて混ぜていくことで、暗い色調から明るい色調まで、まるでカラーチャートと同じように色を作り出すことができます。黒を使って同じようにやってみましょう。

神経衰弱ゲーム（3〜5歳）

子どもの視覚的記憶とパターン認識力を鍛えるカードゲームです。おもちゃ屋さんでいろいろな種類が売られていますし、手作りもできます。手作りするなら、薄めの厚紙を切ってトランプの大きさのカードを16枚作ります。8種類の幾何学的な形を2枚ずつ描くか、コピーを切り抜いて作ります。動物の絵を使ってもよいでしょう。カードに形を張るかペンなどで描きます。これで、8組の形や絵が描かれた同じ大きさのカード16枚ができました。

ゲームの遊び方は、まずカードをよく切ってから、ふせて4枚ずつ4列に並べます。最初の番の人が2枚のカードをひっくり返します。同じ絵が出たら、そのカードは自分のものになります。違う絵の場合はもう一度伏せておきます。自分の番が来たら同じ絵柄のカードを2枚ひっくり返せるように、それぞれのカードの位置を覚えておくように努力します。すべてのカードがなくなるまでゲームを続けます。

子どもが上達したら、違うデザインや絵柄で新しいカードのセットを作りましょう。カードの数を増やすか、きちんと並べるのではなくランダムに置くようにすれば、難易度を上げることができます。

ペアを見つけよう
同じカードを組み合わせるために場所を覚えておくゲームは、記憶力と集中力を養います。

豆を滝のように落とす
おたまで乾燥豆をすくってボウルに落とすと、いい音が出ます。

音

子どもが成長し、聴覚が発達すると、さまざまな音を聞き分け、音源を正確に当てることができるようになります。

豆遊び（1歳6カ月〜4歳）

丈夫な陶器かガラスの大きなサラダボウルを用意し、乾燥豆を半分くらいまで入れます。白いんげん豆は、子どもの鼻や耳に入らない大きさなのでおすすめです。小さなおたまを子どもに持たせて、豆をすくってはボウルの中に落とすように手本を見せます。手をひねって豆を落とすと、豆は小気味いい音を立てます。もしも豆をこぼしてしまったら、拾ってボウルの中に入れるように手本を見せましょう。豆をすべてボウルの中に戻せるまで練習します。最初は豆が部屋中に散らばるかもしれませんが、驚かないように。辛抱強く、優しく、正しいやり方を教えてあげましょう。

ベルの音合わせ（3〜5歳）

同じ音が出るベル2つを、8組かそれ以上用意します。ベルの違いが見た目で判断できないように、子どもは目をつぶるか目隠しをします。ベルには2種類あり、持ち手の棒がついているハンドベルならよいのですが、布やひもに糸などで固定されているベルだと手で持ってたたいてもあまり音が響かず、小さな子どもには難しいでしょう。この場合、ベルにリボンを結び、片手でリボンを持ってベルを振るか、もう片方の手で棒を持ってたたいて音を出すようにします。

子どもはまず1つベルを鳴らし、それをわきに置きます。それから別のベルを1つ鳴らし、同じ音が出るかどうかを確かめます。記憶をよみがえらせるため、最初のベルをもう一度鳴らしてもかまいません。違う音ならわきに置いて、新たなベルの音を聞いて、同じ音かどうかを確かめます。対になるベルが見つかったら、一緒に置いておきます。それから別のベルを選び、すべての対が見つかるまで繰り返します。

ベルを鳴らす
目を閉じて、集中してベルの音に耳を澄ませ、同じ音がするベルを見つけます。

音の円柱（3〜6歳）

これも、子どもの音感を育てるアクティビティーで、音の出る円柱を使います。手近にある木やプラスチック、ガラス製のふたつき容器を使って手作りできます。容器は中身が見えないよう不透明なもの、さまざまな物を入れて振ったときにはっきり音がするものを選びましょう。ベビーフードが入っていたガラスびんに、内側に色を塗るか色紙を張れば使えます。

同じ容器を12個用意し、6個を緑色に、残りの6個をピンク色に塗ります。色の違う容器2つを1組とし、中に振ると音が出る物（乾燥豆、米、砂など）を入れます。子どもは緑の円柱のそれぞれについて、同じ音を出すピンクの円柱を見つけ出します。モンテッソーリ幼稚園では、円柱は色ごとに同色に塗ったふた付きの箱にしまっておきます。

静けさゲーム（2〜6歳）

現代の世界では、静けさはほとんど未知の存在と言ってもいいかもしれません。子どもに静けさの魅力を

「しだいに子どもは
リラックスして
耳を澄まし、
静けさを楽しみます」

発見させてあげられたら、すばらしい贈り物です。静かな時間は、自分自身の考えが聞こえてきますし、周囲の世界に対して大きく感受性が広がるものです。

静けさゲームは、子どもが高度の自律を身につけるとともに、多くの人が当たり前に聞き流しているさまざまな音についての意識を高める助けになります。まず小さなベルを鳴らすか、人差し指を立てて口に当てるおなじみのしぐさで注意を引き、静けさゲームの始まりを告げます。子どもはそれまでやっていたことをやめて、座り、目を閉じて、できる限りじっとしているようにします。小声で名前を呼ばれるまでこうしていられるか、やってみましょう。自分の名前が呼ばれたら、音を立てずに立ち上がって退場します。静けさゲームの応用編として、子どもがベルをさげて、音が鳴らないようにそっと部屋の隅から隅まで歩くようにすれば、注意深く素早く動く練習ができます。

最初のうちは、小さな子どもが静かにじっとしていられるのは30秒くらいかもしれませんが、しだいにリラックスして耳を澄まし、静けさを楽しめるようになります。このゲームが好きな子なら、毎日の習慣にしまし

音合わせ
中身が立てる音を聞き分けて、同じ音を
見つけられるかどうか、やってみましょう。

ょう。もうひとつの応用編としては、「誘導によるビジュアライゼーション」があります。子どもは目をつぶり、親の話を聞いて目の前に広がる風景を想像します。たとえば「川のほとりまで歩きましょう。足の先をちょっと水に入れてみます。わあ、水が冷たい」。

音楽を聴く(1歳6カ月〜6歳)

子どもが成長する中で、さまざまな音楽に触れさせましょう。親が一緒に歌ったりハミングしたりして、子どもにもまねさせます。ビートに合わせて手をたたいたり、音楽に合わせて体を揺らしたりそっと回ったり、フリースタイルでダンスするのもよいでしょう。音楽にふさわしいと感じられれば、どんな踊り方でもかまいません。

少しずつ、流れている曲で演奏されている楽器を聞き分ける練習をしたり、曲名や作曲家を教えてあげたりしましょう。「お母さん、ラジオで白鳥の湖が流れているよ」などと言うようになるかもしれません。マラカス、シロフォン、たいこ、ギターなど、いろいろな楽器で遊べるようにしてあげましょう。好きな歌を親子で歌うのも大切です。

この時期の子どもは音楽の敏感期にあり、音階やリズム、メロディーの発達に自然な興味をおぼえます。親に音楽の才能があり、子どもに生の音楽を聴かせてあげられる場合、子どもも音楽の才能を芽生えさせるものです。早熟な才能を示す兆候としては、メロディーを記憶できること、きちんとした音程でハミングしたり歌ったりできること、リズムをとって動いたり話したりできること、リズミカルにとんとんと物をたたけることなどがあります。

音楽は大切

子どもにはいろいろな種類の音楽を聴かせてあげましょう。手をたたいたり、ダンスしたり、一緒に歌ったりして、親子で楽しみましょう。

YOUR CHILD'S

BRAIN

子どもの脳で起きていること

さまざまな音色や音程が使われている幅広い音楽を乳幼児に聴かせることの効果が、複数の研究で示されています。子どもは母国語と外国語を聞き分けるのと同じように、音楽の違いが分かるようになっていきます。

触覚

子どもの触覚を鍛える方法はたくさんあります。赤ちゃんのときのトレジャーバスケット（58～61ページ参照）がそのひとつ。就学年齢に近くなれば、触覚はさらに洗練され、もっと難しいアクティビティーに挑戦できます。

素材合わせ（3～5歳）

子どもの触覚を発達させるのに理想的な遊びです。小さな木の板を何枚か用意して1セットとし、それぞれの板の片面に布、マジックテープ、種、砂などをボンドで貼り付けて、さまざまな質感を作り出しますが、このとき同じ手ざわりの板を2枚ずつ作ります。素材を作った面を伏せて置けば、どの板も同じに見えます。子どもは目を閉じるか目隠しをして、手の指だけで同じ素材どうしを見つけられるかやってみます。ひっくり返せば、素材を貼った面が表になるので、視覚的に答えが確かめられます。

布合わせ（3～5歳）

素材合わせの応用編ともいえるゲームで、シルク、ウール、コットン、ツイードなど異なる種類の布を正方形に切ったものをバスケットにたくさん入れます。2枚ずつ同じ布を入れておきます。子どもは目を閉じるか目隠しをして、同じ感触の布2枚を並べて置いていきます。目を開けたら、布を目で見て自分の答えを確かめます。

やすり板（3～5歳）

やすり板は、12枚の板を用意して2枚1組とし、各組ごとに番手の異なる紙やすりを張り付けたものです。子どもは目を閉じるか目隠しをして、手ざわりだけを頼りに同じ粗さの板を対にしていきます。すべての板を対にできたら、目で見て答えを確かめます。同じ組の板は、見た目も同じです。

布合わせ
いろいろな布を2枚ずつ入れたバスケットを用意します。目を閉じて触覚だけを頼りに同じ布を組み合わせられるかどうかやってみましょう。

ミステリーバッグ（3〜6歳）

ミステリーバッグは、子どもに大人気の定番アクティビティーです。子どもの手がちょうど入る大きさの穴が開いた布袋か箱を用意します。穴に手を入れると中の物を触って確かめられますが、目では見られません。まず、子どもが名前を知っている身のまわりの小さな物を集めておきます。子どもが目を閉じている間に、袋の中にそのうちのひとつを入れて、手ざわりだけで何かを当てさせます。正解だったら交代して、今度は子どもに中に入れる物を選ばせます。年齢が上の子どものために難易度を上げるには、種類が異なる硬貨、貝殻、幾何学的な形などを使うとよいでしょう。

嗅覚

子どもは、多くの大人よりもずっと鋭い嗅覚の持ち主です。においの知覚を洗練されたものにし、さまざまな香りの名前を学ぶために役立つエクササイズを2つ紹介しましょう。

香りのボトル（3〜5歳）

プラスチックかガラス製で、同じ大きさと形の小さなびんを12個用意します。ねじぶたのついたスパイスの空きびんはぴったりですし、ベビーフードの空きびんを使ってもよいでしょう。同じボトルを2本ずつ、6組作ります。1本は青い紙で、もう1本は緑の紙で覆います。

段々できるように　ミステリーバッグ

このゲームは、手ざわりだけを頼りにしていて、語彙を増やすことにも効果的です。手で感じる形と質感を、「固い」「なめらかな」「丸い」「でこぼこな」といった言葉で表現できるようになります。

1
ミステリーバッグの中に入れる物を選びます。子どもに分かりやすいように、大きさ、形、質感がはっきり異なるようにします。

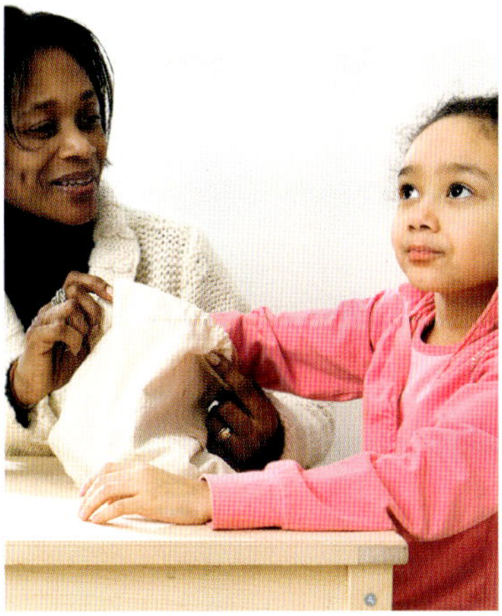

2
ジョージアが、目で見ないようにしながら袋に手を入れ、中の物に触ります。しばらくの間指で触って、探求します。

3
「長くて細くて先っぽに毛が生えている。はけ」。中の物を言い当ててから、バッグから取り出します。

球状のコットンをそれぞれのびんに入れて、同じ香料を青いびんと緑色のびん1本ずつに1、2滴垂らします。6組それぞれに違う香料を使いましょう。バニラ、アーモンド、ペパーミント、レモンといった食品用香料、オーデコロンや香水を使ってもよいでしょう。ボトルの一部はコットンを入れず、香りを強く放つ物を入れるのもおすすめです。ポプリ、クローヴやシナモンなどのスパイス、チョコレート、いちご、オレンジやレモンの皮などです。この場合、子どもに中身が見えないように工夫する必要があります。また時間が経つと水分が蒸発して香りがなくなるので、中身の入れ替えを忘れずに。子どもはまず、どちらかのセットからボトルを1本選び、ふたを開けて、においをかぎます。今度はもう一方のセットから、組になるボトルを探します。見つかったら2本を一緒に置いておき、残りのボトルでも同じプロセスを繰り返します。

ハーブの香り（3〜5歳）

庭やキッチンの窓辺の植木鉢でハーブを育てているなら、ローズマリー、ラベンダー、バジル、タイムなどのハーブを使って子どもに豊かな感覚的体験を楽しませることができます。子どもが自分で世話をしているなら（151ページ参照）、いっそう満足感が味わえます。小さなすり鉢とすりこぎを使って料理用のハーブを細かくするのは、子どもにとってとても楽しいお仕事です。親子で一緒にハーブを乾燥させたり、いろいろな香りの組み合わせを試しながらポプリや引き出し用のにおい袋を作ったりするのもよいでしょう。

「子どもはたいていの大人よりもずっと鋭い嗅覚を持っています」

味覚

人が舌で感じられる基本的な味には、甘味・酸味・塩味・苦味の4つがあります。これらの味覚を子どもに教えるためには、「このりんごは甘いね」「このポップコー

香りのボトル
中身が見えないボトルの中の香りを比べて同じ香りを見つける遊びは、子どもが嗅覚を洗練させるのに役立ちます。

ンはしょっぱいなあ」などと、さまざまな食べ物の味について話すことです。好き嫌いが激しく、特徴的な味や食べ慣れない味をまったく受け付けようとしない子どももいます。新しい香りや味を探求していくうちに、しだいに新しい食べ物に挑戦できるようになることもあります。まずは、さまざまな食べ物を通して、異なる味覚に徐々に入門させていきましょう。たとえば苦味なら、ルッコラやパセリをほんの少しだけすすめてみます。「食べ物の中には苦いものもあるんだよ。……を食べてみない」というように。

もうひとつのアクティビティーは、特定の素材の味に注意を促してみます。「このクッキー、しょうがの風味がするから、味わってごらん」。目を閉じて何の味かを当てさせることもできます。「お母さん、レモンの味がするよ！」と。「味のボトル」を作ることもできます（下の囲み参照）。

果物の香り
新鮮なフルーツサラダを食べることは、五感を使う体験です。色、香り、味はもちろん、かむたびに音も楽しめます。

味のボトル（3〜5歳）

小さなドロッパーボトルを6本用意し、3本のふたは青、残りの3本のふたは赤に塗ります。これで、3本のセットが2つできました。それぞれのセットのうちの1本ずつに、基本的な味覚の液体を入れます。たとえば、砂糖水（甘味）、レモン汁（酸味）、塩水（塩味）などです。

子どもはまず手を洗い、ボトルをきちんと並べ、それから1本のふたをそっと開けて1滴だけ左手の甲に垂らします。ゆっくりなめて味を確かめさせます。もう一方のセットから1本選んでふたを開け、右手の指の先に垂らします。味は同じでしょうか？　違う場合は、そのボトルは脇に置き、同じ味のボトルが見つかるまでこのプロセスを繰り返します。同じ味のボトルが見つかったら、対になる2本を一緒に置いておきます。手を洗ってから、残りのボトルで同じプロセスを繰り返します。3組すべてを組み合わせられたら終了です。

3

自分でやらせて

let me do it

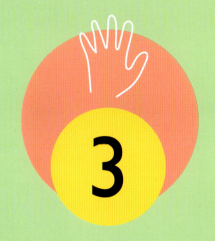

help me to do it myself

自分でやるのを手伝って

小さな子どもにとって自立は最大のモチベーションです。自立を手に入れるために努力してさまざまな技術を練習しやがて習得していきます。

人生のごく初期の段階から、子どもたちは自立に向けた技術の練習をしたがります。着替え、洗い物、飲み物を注ぐ、おやつ作りなど、子どもがひとりでできるように手伝えば、自立への第一歩を歩ませることができます。

年齢によりますが、子どもでもいろいろなお手伝いができます。自分の部屋の掃除をはじめ、野菜を切る、床のごみをほうきではく、ほこりをふくといった作業や、料理やお菓子作りの助手も頼んでみましょう。テーブルセッティング、料理を運ぶ、フラワーアレンジメントやテーブルデコレーションも練習すればできるようになります。テーブルマナーや、玄関でのお客様の迎え方、友達や親戚が遊びに来たときのおもてなしも学べるでしょう。優しく教えてあげれば、子どもはきちんと

一歩を踏み出す
自分で歩けるようになるのは、初めて自由の味をおぼえる体験でもあります。もっと高いところに手が届き、もっと早く移動できて、自分で探求ができるようになります。

お仕事をして、後片付けをこなし、進んでお手伝いをするようになりますし、そうした練習を楽しむものです。

自分自身のために

周囲に尊重されていると感じていて、自分でできるという自信のある子どもは、甘やかされている子どもに比べてはるかに健康な精神を発達させます。本章のアクティビティーは、子どもに日常生活の技術を教えて、少しずつ自立心と自信を身につけてもらうものです。これらの訓練は特定の技術を教えるだけでなく、落ち着きや集中力、協調性、自律、自主性も発達させます。その多くに社会的な目的もあり、自意識や思いやり、コミュニティー精神を磨くことにもつながります。親は、日常生活の手本を毎日示すべきです。いつも落ち着いて、目的を果たすように正しく行動し、優しく寛大な精神を示すようにしましょう。

マリア・モンテッソーリによれば「自立の本質は、自分自身のために何かができるようになることです。この体験は単なる遊びではありません。成長のために、子どもがしなくてはならない仕事です」。

日常生活の訓練

日常生活を送る上で学ばなくてはならないことは、次の3つに分類できます。

- 自分自身のケア
- 日常の家事
- 親切と礼儀

訓練の多くは、細かく正確な動作の練習にもなります。ボタンをとめる、小さなジャグから飲み物を注ぐ、落としたり転んだりせずに物を運ぶなど。これらは、子どもがごく小さいときにほとんどの親が教えようとすることです。本章でスムーズに教えるためのヒントが見つかるかもしれません。子どもの年齢にかかわらず、準備ができていると感じたときに始めましょう。それぞれの訓練にふさわしいタイミングを知る最良の方法は、子どもの言葉やふるまいに込められたメッセージに注意を払うことです。たとえば、子どもがカップを自分で持ちたいと強く願うようになったとします。それは、自分で飲む方法を教え始めるのに適切なタイミングといえるでしょう。

自立に向けて
子どもが自分でできるようになる準備ができたサインを見逃さず、新しい技術を習得させましょう。

children love to work and play

お仕事も遊びも大好き

**小さな子どもは、大人の世界に参加したいと願っています。
仕事をする機会を与えられたら
それは遊びと同じくらい楽しいものです。**

子どもが新しい技術に挑戦するように促す最善の方法は、子どもに理解しやすいようなシンプルなやり方を、正確に、ゆっくりと見せることです。それから、たっぷり時間かけて練習し、自分で間違えたりやり直したりさせます。はっきりした限界と注意深いガイドラインを示すことで、子どもは自分でできるようになり、自立心とともに、自尊心と自信を身につけます。
しゃがんで、子どもの視点で世界を見てみましょう。何も手が届かず、何もかもが大きすぎる巨人の世界で、子どもは技術を発達させているところなのです。

「子どもが理解できる
くらい単純に
やり方を示して
あげましょう」

サイズの問題

最初のステップは、子どもにふさわしいサイズの道具や器具を見つけることです。子どもにも可能なお仕事の多くは、年齢にふさわしいサイズで作られた道具があればぐっとやりやすくなります。子どもサイズの歯ブラシは定番ですし、カップ、お皿、フォーク、スプーン、じょうろ、ほうきとちり取り、それに歯みがきチューブなども、子どもサイズが市販されています。

本物

子どもが本当に望んでいるのが、本物のキッチンで親の手伝いをすることだとしたら、おもちゃのキッチンを買い与える必要などあるでしょうか。3歳児に肉切り包丁やオーブンを自由に使わせようと言うつもりはありませんが、時間をかけてやり方を教えることで、子どもにもできるようになる危険のない作業はたくさんあります。たとえば、熱くない物をかき混ぜたり、野菜を洗ったりするのは簡単ですし、テーブルセッティングの方法を学ぶこともできるでしょう。

本物のお仕事

ちょうどいいサイズの道具で庭仕事をするのは、小さな子どもにとって満足感があり楽しいものです。

テーブルセッティング
子どもサイズのカトラリーを買いましょう。マットに描いてある枠で、テーブルセッティングのやり方とお皿やカップの置き場所が分かります。

子どもは大人がしていることをやりたがるとは限りませんし、遊びたがっている子どもに皿洗いをさせるべきではありません。でも、子どもがお手伝いしたいと言ったりそうした様子を示したりしたら、手本を見せましょう。キッチンを整理して小さな作業台を用意し、子どもサイズの基本的な調理器具をそろえたら、お手伝いがしたいという気持になりやすく、いつもキッチンに来たくなるでしょう。

ステップバイステップ

毎日私たちがしていることの多くは、複数の異なる技術を含んでいて、いずれも私たちが少しずつ学んできたものです。それぞれの作業を小さなステップに分けることで、子どもが一度にひとつのレベルを習得していけるようにしましょう。洗濯したきれいな靴下を片付けるとか、花を花びんに生けるといったお仕事を子どもに教える際に、この手法が有効です。各ステップについて、簡単にできるようにするにはどうすればよいかを考えましょう。手本を見せながら少ない言葉で説明し、子どもが言葉よりも見ている動作に集中できるようにします。それから、各ステップができるようになるまで子どもに練習させましょう。

この教え方を理解するには、自転車に乗る練習を考えてみるとよいでしょう。子どもが自転車の練習をする準備ができると、親はまず三輪車を与え、座り方と降り方、ハンドルの操作、ペダルのこぎ方を教えます。三輪車は安全なので通常ブレーキはついていませんし、乗る場所にも親が注意を払うものです。次のステップは、ペダルがないバランスバイクかもしれません。地面をけって進むうちに、足を浮かせてバランス感覚を養っていきます。それから親はいよいよ自転車に乗らせますが、最初は大きな車体を立てておくのに役立つ補助輪つきで与えて、子どもがペダル、ハンドル、ブレーキの扱いに慣れるまでそうしておきます。子どもが自信を持つようになったら、補助輪を外してほしいと言うでしょう。いつの間にか、ジグザグに走り回るようになり、親はヘルメットをかぶりなさいと何度も言うはめになります。

このように段階を踏んで、親が注意深く計画し、辛抱強く教え、サポートしてあげることにより、日常的な技術の習得は容易になります。こうした訓練は、子どもが成長する過程で何度も繰り返されます。ティーンエイジャーの子どもに運転を教えるのは、ほとんど大人になった子どもが日常生活の技術を学ぶことのよい例です。友達とのいさかいへの対処法、貯金の管理、小さなパーティーの計画なども同様です。

親として最も難しいことのひとつが、子どもに新しい技術を教えた後、子どもが日常生活の中で練習できるよう、介入せずに見守ることかもしれません。自転車の乗り方を覚えた子どもにもう一度補助輪を付けなさいとは言わないのに、自分でコートを着られて靴がはけるようになった子どもに、親はついコートを着せたり靴をはかせたりしてしまうものです。

注意深く教える
自転車の乗り方を教えるとき、親は子どものレベルにふさわしい自転車を与え、段階を踏んで指示を与えるものです。

秩序感

子どもに日常生活の技術を教えるうえで重要な要素のひとつが、すべてを整理整頓しておくことです。秩序の敏感期（16ページ参照）にある子どもの世界は、秩序だっていなくてはなりません。物の置き場所と、そこにきちんと戻すやり方を教えられれば、子どもは秩序感を内面化し、一生忘れることがありません。

物を放っておくと家中がすぐ大混乱になるという現実には、大人もときに圧倒されるもの。子どもはとりわけ敏感です。子どもは散らかすのが得意で、片付けが苦手。一番効果的な手法は、その場ですぐ片付けることです。子どもの中には「お片付け遺伝子」を持って生まれてくる子もいますが、そうでない子でも、創造性を妨げたり遊びの楽しさを奪ったりすることなく、常に片付けをしながらお仕事をしたり遊んだりするよう教えられます。

その秘訣は、基本ルールを定めることです。優しく、かつ妥協なく、棚の中のおもちゃを自由に選んで好きなだけ遊んでいいけれど、遊び終わったら必ず元の場所に戻すこと、最後に遊んだおもちゃを戻さない限り、他の物を取り出してはならないことを教えます。

おもちゃの中には、別のおもちゃと組み合わせて使いたいものもあります。たとえば積み木セットと、車のおもちゃなどです。この場合、2つのおもちゃをひとつのコレクションにまとめておきましょう。特別なルールを学ぶのは子どもにとって難しいことではありません。たとえば、おもちゃの車と積み木は同じグループで、両方一緒に遊んでもいいのです。次の遊びに移る前に、おもちゃの車と積み木をすべて棚に戻すことが肝心です。

秩序を学ぶ
棚から1冊だけ本を出して、ページを破らないように丁寧にめくり、読み終わったら戻すように教えましょう。

写真のラベル

子どもが物を正しい置き場所に戻せるように、収納に使う入れ物に写真を張りましょう。それぞれの棚に写真を張って、おもちゃやゲーム、本などを片付けて正しい順序で置いたときにどのように見えるかを示してもよいでしょう。こうすれば、子どもが遊びや作業を終えたときや、壊れたところがないかどうかを確かめた後で棚におもちゃを戻すときに、写真を使って間違いのコントロール（87ページ参照）ができます。

実用的な収納

すでに書いた通り、私はおもちゃ箱を使うことには反対です（39ページ参照）。子ども部屋や家族が集まる部屋には低い棚を設けて、子どもの本、おもちゃ、ゲームを入れておくようにします。たくさんのパーツからなるおもちゃは、あちこちに散らからないようにしまう方法を工夫しましょう。すべてのパーツが入る大きさで、使い込んでも壊れたりみすぼらしくなったりしない丈夫な入れ物を使います。おもちゃの特徴により、厚手のプラスチック容器、丈夫なバスケットや木の箱、広口びんやボウルがよいでしょう。

遊びの範囲を定める

リビングのじゅうたんの真ん中で、子どもがフィンガーペイントをするなんていう事態は避けたいはず。壁にもお絵描きはしてほしくないはずです。どのようなおもちゃやアクティビティーで遊ばせるかを考え、子どもが安全に遊べて、汚したあとも自分で簡単に片付けられるような場所を決めます。一部の遊びは、こぼれた食べ物や絵の具がふき取りやすいよう、キッチンや床がタイル張りの場所でするべきでしょう。リビングでも大丈夫だけれど、家族の通り道に当たらない場所を選ばなくてはならない場合もあります。木工や、ボールをけったり投げたりするなどのアウトドアの遊びは、庭でするべきです。

方針を決めたら、子どもが間違えたときに罰したり批判したりするのではなく、子どもにきちんとしたやり方を教えます。間違った場所でおもちゃを使っているのを見つけたら、ふさわしい場所を示しましょう。部屋を汚してしまったら、子どもの年齢により、自分で掃除させるか、少なくとも片付けの手伝いをさせるようにします。小さな子どもの場合はなかなかうまくいかず、前もってそうした事態を防ぐのが唯一の方法です。使うべきでない物は手の届かないところに置きましょう。

ソファの上でできる作業や遊びもありますし、テーブルの上が一番ということもあります。でも、子どもにとって、たいていのアクティビティーは床の上が一番やりやすく感じられます。小さなラグやマットを与えて、作業

マットを広げて
マットやラグを敷くことで遊びの範囲が定まるので、部屋中におもちゃが広がる事態を防げます。

YOUR CHILD'S BRAIN
子どもの脳で起きていること

ルーティーンや秩序は子どもの成長を促しますが、逆に家の中が散らかっていると、子どものふるまいにどんな影響を与えるのでしょうか。イギリスの家庭を対象とした調査では、雑然とした環境が、親の対応以上に子どもの悪いふるまいの原因となりやすいことが明らかになりました。親の育児能力が低い場合は、家の中が散らかっていることによる子どもの行動への負の影響が、とりわけ大きくなりました。

や遊びの範囲を定められるようにしましょう。子どもが決まった範囲で遊ぶのを親が手伝ってやらない限り、おもちゃやパズルは部屋中に散らばる傾向にあります。75センチ×120センチくらいの小さなラグは、床の上に作業や遊びのコーナーを作るのにとても役立ちます。積み木で巨大都市を作るといった大きなプロジェクトなら、2枚のマットを並べて使います。マットを丸めたり広げたりするやり方と、バスケットに立てておく保管方法を教えてあげましょう。

安全対策

おもちゃや道具を子どもが棚から出して使う場所に運ぶとき、安全に、丁寧にできる方法を考えましょう。たいていの場合、入れ物のまま運ぶのが最善の方法ですが、おもちゃやゲーム、道具の種類によって、たとえば人形など、それ自体を運んだ方がよいものもあります。パーツがたくさんあり、ひとつのセットが大きすぎるか重すぎて子どもが運べない場合は、遊ぶのに必要な分を載せて運べるよう、小さなトレイを用意しましょう。ときには何回かに分けて運ばなくてはならないかもしれません。子どもは物を落とさずにトレイに載せて運ぶやり方を自然に知っているわけではないので、手本を見せて練習させましょう。トレイを使うのは難しいという幼い子どもの場合、小さなバスケットやカートなら使いやすいかもしれません。

所有のプライド

子どもには、おもちゃなどの持ち物をきちんと管理することを教えましょう。何かを壊したら、罰するのでも、かわりの物を買い与えるだけでもなく、正しい使い方を教えてあげましょう。おもちゃやゲームなどが壊れたら、直せるかどうかやってみて、その過程も学びの機会にしましょう。子どもにも直すのを手伝わせて、簡単な修理は自分でさせましょう。家族が暮らす家を大切にしている様子を親が見せて、日常的に子どもも同じようにするよう促しましょう。細部に注意を引き、紙やビーズや細かいごみが床に落ちていたら、拾わせるようにしましょう。

「おもちゃやゲームが壊れてしまったら直せるかどうかやってみてその過程も学びの機会にしましょう」

間違いのコントロール

可能な限り、間違いのコントロールをそれぞれのアクティビティーの中に導入し、子どもが間違いをおかしたときに、すぐに分かるようにしてあげましょう。落としたり使い方を間違えたりすると割れるカップやボウルを子どもに使わせることには、食器を使うときに注意して丁寧に扱うことを早く学べるという利点があります。間違いは、忍耐強く子どもにひとつの作業を正しく行うやり方を教えるためのチャンスであり、たとえば「このビーズを全部集めるには」「壊れたかけらを安全に片付けるには」など、問題解決のための新しい学びのチャンスにつながります。

美と調和

子どもが使うおもちゃや道具、日用品は、適切なサイズ、扱いやすさ、それに美しいデザインのものを選びましょう。子どもが日常生活の技術を練習する（100〜107ページ参照）のに使うトレイやジャグなどの道具を選ぶ際は、プラスチックでできている安物は避けて、予算が許す限り魅力的な素材のものを選びましょう。そうすれば、子どもが丁寧に扱ってくれる可能性が高まります。子どもは木やガラス、銀、真ちゅうなどの天然素材の美しさを、敏感に感じ取ります。

小さな子どもは、家の中の細部を記憶し、いつまでも覚えているものです。子どもの興味を引くアクティビティーを用意し、調和と美に満ちた環境を整えることを目指しましょう。

美しいおもちゃ
プラスチック製品や装飾があふれかえっている世界で子どもは木などの天然素材の美しさにひかれます。

getting to grips with bathroom skills

洗面所で必要な技術

手洗いから歯磨きまで
身のまわりのことが自分でできるようになると
子どもは自信とやる気を身につけます。

子どもが身のまわりのことを自分でできるようになるために必要な技術の多くは、洗面所で学べるものです。子どもが下記のような動作をするうえで安全で使いやすい場所になるよう、洗面所をよく見直し、必要な点は変えましょう（43ページ参照）。

水道の蛇口を開閉する

これは分かりやすい動作です。子どもが使う洗面台の前に小さな踏み台を置いて、手を伸ばせば水道に届くようにしましょう。小さなハンドタオルをそばに置いて、手をふけるようにしましょう。栓を引き抜いたり持ち上げたりするやり方を見せて、水があふれないようにしなくてはならないと説明しましょう。水の蛇口を「これが水の蛇口だよ」と言いながら示します。それからお湯の蛇口を見せます。「こっちがお湯だよ。気をつけないと、お湯が熱すぎてやけどすることがあるからね」。

それから水の蛇口をゆっくり途中までひねって開き、また閉じます。子どもにもひねらせましょう。急にひねりすぎたら、「あまり急にひねると、まわりに水が飛び散るよ」と言います。それから水を止めるように言います。子どもが全力で水を出す方向に蛇口をひねったとしても驚かないように。レッスンのポイントは、洗面台の中の水の流れをコントロールする方法を教えることです。必要なだけ練習を繰り返しましょう。どちらが冷水で、どちらがお湯で、そっと出したり止めたりするにはどうすればよいかを学ぶことに重点を置きます。

給水栓の使い方
流れる水やお湯を安全に調整する方法を学ぶことは、ひとりでお風呂に入れるようになるための大きな一歩です。

子どもが水を出したり止めたりできるようになったら、お湯でやってみるように言いましょう。「水をまず出して、それから、お湯の蛇口をひねると、水とお湯がまざって、熱すぎない温かいお湯が出てくるよ」と説明します。蛇口のお湯を少し触ってみて、温度を確かめるように、手本を示しましょう。お湯の蛇口を開けたり閉めたりして温度を調節する方法も教えます。もしも、お湯と水の出口が分かれている場合は、シンクに栓をして水をためて、それからお湯の蛇口をひねって適温になるまでお湯を足すやり方を見せます。

ふたりとも手をふいたら終了です。子どもはしばらくの間、何度でも繰り返し練習したがるかもしれません。

手を洗う

子どもが水道の使い方を理解したら、せっけんとお湯を使って手を洗う方法を教えましょう。

インフルエンザや風邪の季節には、子どもが指で自分の目や鼻、口を触ることが、ウイルスの主な感染経路です。子どもがこまめに手を洗い、せっけんを使って30秒以上、流れるお湯で洗うことが、感染を防ぐために非常に効果的です。せっけんは細菌やウイルスを死滅はさせませんが、汚れを落としやすくする効果があり

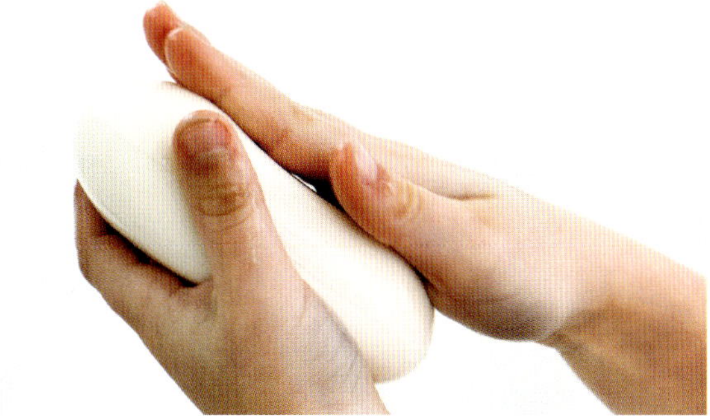

洗うことの効果
せっけんをつかうと、子どもの肌から細菌やウイルスを落とすことができます。ポンプ入りの薬用ハンドソープを使ってもよいでしょう。

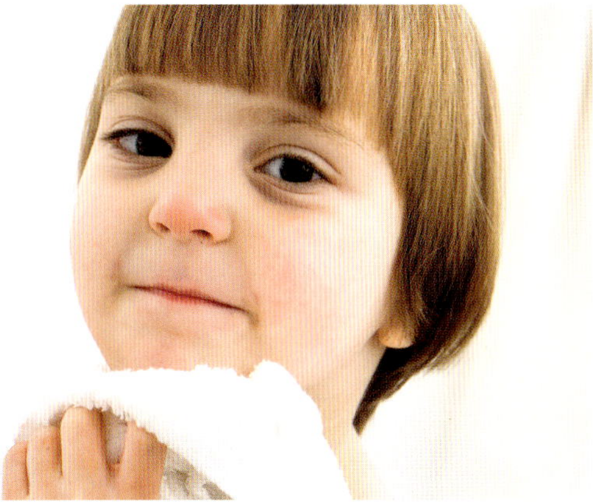

洗顔
子どものフランネルとタオルは、手の届く高さにかけておきましょう。フランネルは顔をふく前にお湯で絞るやり方を教えてあげます。

水は楽しい

子どもは水遊びが大好き。安全に水遊びができる場所を用意するとよいでしょう。洗面台を使うか、床がタイル張りの部屋にボウルか水遊びセットを置いて、水がこぼれたらすぐにふけるようにモップを置いておきます。夏の間は庭で水遊びをさせましょう。室内では水をまかない、特定の物は水に近づけない、などの基本ルールを設けて必ず守らせます。

水車、ボート、じょうご、洗える小さな人形、それに水を出し入れして遊べるカップやびんなど、子どもが水で遊べるおもちゃを用意しましょう。

歯磨き
子ども用歯ブラシを買い、正しく歯を磨いて、歯ブラシをすすぎ、歯ブラシ立てに戻しておくように教えましょう。

髪をとかす
専用のヘアブラシやくしを与えると、誇りを持って身だしなみを整えます。からんだ部分をほぐすのは手伝いますが、できる限り自分でやります。

す。このように水道で手を洗うと、子どもの手についた病原菌のほとんどが洗い落とされて排水口から流れていくので、とても効果的です。簡単な言い方を工夫して、どうして手洗いをするのかを短い文で説明するとよいでしょう。

歯を磨く

洗面台が使えるようになった子どもには、小さな歯ブラシと鏡が必要です。フッ素入り歯磨き粉を使うことと、正しい歯の磨き方について、歯医者さんに相談しましょう。それから親が子どもに指導します。基本的なルールは1日2回歯を磨くことですが、家族の習慣が毎食後の歯磨きなら、食後は30分待ちましょう。歯のエナメルは、酸性の食べ物に触れた後に硬度を取り戻すのに時間が必要なのです。

お風呂の時間

ほとんどの子どもは、お母さんかお父さんとお風呂に入るのが好きなものですし、子どもがひとりで安全に入浴できることが明らかになるまでは、親が見守る必要があります。3～5歳の間にひとりでお風呂に入れるようになることが多いようです。子どもの成長を尊重しますが、正しいやり方で髪の毛を洗ったり、布で顔を洗ったりするように注意を払いましょう。

髪をブラシでとかす

子どもに自分専用のブラシかくしを与えて、髪をきちんととかして整えるように手本を示しながら教えましょう。親にとかしてもらう方が好きなら、それでもかまいません。大きくなったら、使いやすいヘアクリップやヘアバンドで自分で髪をとめたいと思うかもしれません。

自分でできるようになるために子どものために洗面所に小さな場所を設けて、必要な物が取りやすいようにします。

トイレトレーニングを始める

トイレトレーニングの開始は、子どもが成長したいという強い気持を持ち、神経科学的にも発達することによって、ぼうこうや腸の動きをコントロールできるようになったときに始まる自然なプロセスです。親の役目はトイレを使うようにトレーニングさせることではなく、準備ができたときにサポートしてあげることです。準備ができているかどうかは、子どもの神経システムの成熟に大きく左右され、子どもにより個人差があります。そのプロセスを早めることはできず、優しく辛抱強い態度が推奨されます。そして、これは子どもとの生活のさまざまな側面について言えることですが、親はしくみを理解すれば、環境を整えて、サポートする役目をよりよく果たすことができます。

鍵を握るのは、子どもの脳と神経系の驚異的な発達です。生まれたてのときは、脳と神経系は未発達です。1歳6カ月までに、神経系の細胞がエミリン（髄鞘を組織し、神経系全体において、効率的に細胞から細胞へと刺激を伝えるのを助ける脂肪質の物質）に包まれるようになります。これにより、乳幼児は動作について洗練されたコントロールや統制が可能になります。

髄鞘形成のプロセスは、神経系の統合であり、段階的に進みます。赤ちゃんはまず自分の頭を自由に動かせるようになり、それから腕、胴体、やがて脚と足の順に動かせるようになります。初めはランダムな動きだったのが、意識的な意図やコントロールを持って体を動かすことが可能になるのです。

トイレトレーニングのコツ

- 忍耐強くつきあい、前向きに励ましましょう。
- トイレや洗面所を使いやすくして、子どもの自立を促しましょう。
- 日中は綿のトレーニングパンツをはかせましょう。
- 子どもがトイレを使う準備ができたと判断したら、服や下着を自分で下ろして、トイレをきれいに使い、水を流して、もう一度服を着るやり方を教えましょう。
- 身体機能について、辛抱強く子どもに説明しましょう。
- 古タオルをそばに置いておき、おもらししたら子どもが自分で掃除ができるようにしてあげましょう。
- おもらししてしまったら、子どもに理解を示しましょう。

トイレへの好奇心

子どもは1歳くらいになるとトイレに興味を持ちます。トイレの水を流すことを好みますし、トイレの中の水で遊びたがります。わが子にそのような傾向が見られたら、お風呂のお湯で遊ぶなどの水遊びをさせましょう。

この頃、子どもたちは「うんち」や「おしっこ」にも強い興味を示します。「みんながうんちをするんだよ。食べ物のうちで体が使えない部分を、体が外に捨てるんだ」と説明しましょう。

1歳3カ月くらいになると、自分で着替えることに興味を持ちます。パンツをはきたがる子も多く、お兄さん・お姉さんや両親のパンツをはいてみるかもしれません。これは、トイレトレーニングに興味を持つようになる兆候かもしれません。

1歳6カ月頃、子どもの神経系は発達して統合され、敏感期に入って、身体的な感覚が認識できるようになると同時に、ぼうこうや括約筋のコントロールが少しずつできるようになります。ぼうこうと腸をコントロールするために必要な身体的な能力と興味の双方が、この頃身につきます。おむつではなくパンツですごす機す機会をできるだけ与えれば、子どもは身体の機能に意識を向けるようになり、ぼうこうがいっぱいになった感覚を認識できるようになる可能性も高まります。子どもにこうした兆候があれば、少なくとも日中家にいるときは綿のパンツをはかせましょう。ときにはおもらしすることもありますが、紙おむつをはいている限り、おむつがぬれたり汚れたりしてもほとんど感じることはできません。

この頃には、多くの子どもが、ぼうこうや腸のコントロールがまだ発達していない場合でも、親やお兄さん・お姉さんのまねをしてトイレやおまるに座りたがるでしょう。子どもの興味を優しくサポートし、パンツを下ろしてトイレに正しく座り、トイレットペーパーでお尻をふき、再びパンツを上げてトイレの水を流し、手を洗うという動作を少しずつ教えてあげましょう。

トイレへの好奇心

このようなトイレの取り組みを維持することは、モンテッソーリ幼稚園では可能ですが、どの家庭でも可能とはいえないでしょう。一部の子どもたちはトレーニング開始を遅らせることになるかもしれませんが、いずれにしても大切なのは、一度始めたら一貫した態度を保つことと、子どものペースを尊重することです。

年長の子どもでも、時折失敗することは覚悟しておきましょう。おもらししてしまったら、落ち着いた態度で、子どもを安心させてあげます。子どもが自分で見つけられる場所に清潔なパンツを用意し、おもらしをふくのに使う古タオルをバスケットに常備しておきます。子どもに頼まれたり、明らかに困っていたりしたら手助けしますが、不必要にあわてて手出しをして子どもを恥ずかしがらせることのないように気をつけましょう。

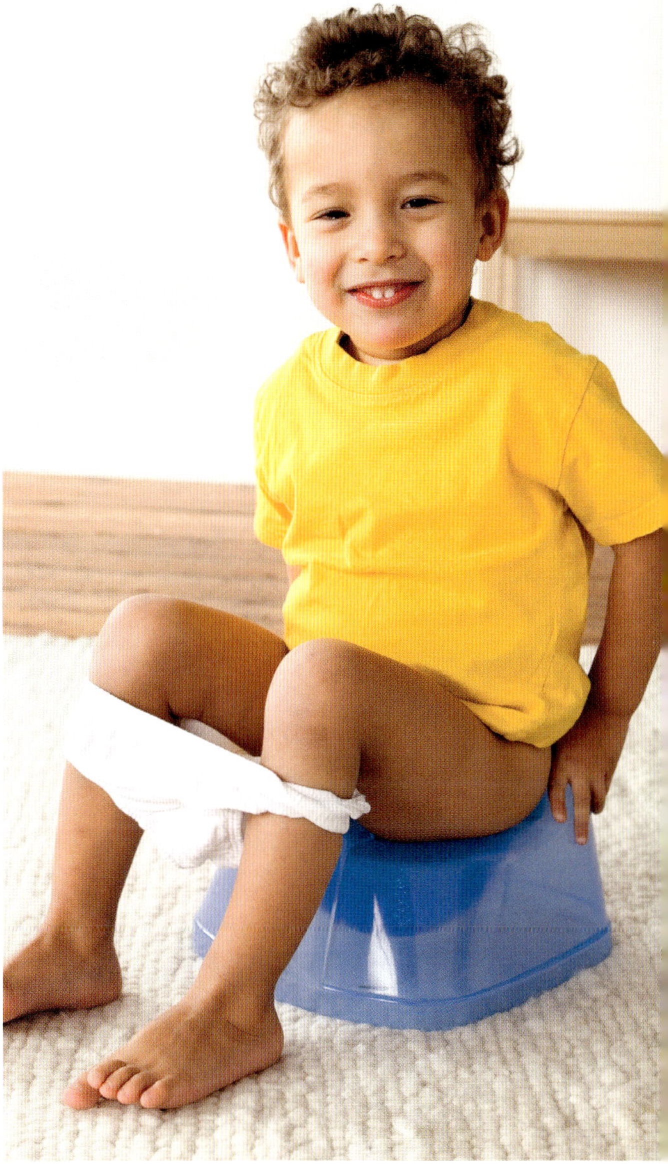

僕にもできる
おまるを使えるようになるのは、神経の発達と自立する意思から生まれる自然のプロセスです。

the art of getting dressed

着替え

あっという間に
子どもは自分で服を脱いだり
着たりするようになります。

生後6カ月から1歳までの間に、着替えの最中で子どもは手や足を伸ばすようになります。1歳6カ月くらいで、お兄さん・お姉さんや友達のまねをしてパンツをはきたがります（92〜93ページ参照）。自分で服を着たり脱いだりするのが大好きという子もいます。きょうだいや親の服を着てみる子どもは珍しくありません。これらはすべて、子どもが自分で服を着る準備ができたというサインになります。

子どもが興味を示したら、帽子、マフラー、スリッパなどを身につける練習をしてみましょう。子どものそばで床に座り、一緒にズボンをはき、ソックスをはき、Tシャツとセーターも着てみましょう。丁寧に手本を見せて、ゲームとして楽しむのがおすすめです。

すべて手が届く範囲に

子ども部屋について説明したとき（42〜45ページ参照）、子どもの手が届く高さにフックやハンガー、棚、バスケットを用意し、自分で開けられる引き出しを置くことの大切さをお話ししました。子ども部屋を見直して、すべてが正しい場所にあり、子どもの手が届くことを確かめましょう。

子どもが成長して自立したら、選択肢を与えるのがよいでしょう。毎朝、服は2つの組み合わせを用意して、子どもに選ばせます。一日の終わりには、翌朝着る服をどれにするか子どもと話し合いましょう。子どもが自分で着たり脱いだりしやすい服を買うことも助けになります。ウエストがゴムのズボンを見つけましょう。ボタンやファスナーがたくさんある服は、子どもが挑戦したがるまでは避けましょう。靴はスリッポンか、マジックテープでとめるものを選びます。子どもが服を着る練習をしている間は、忍耐強く待つように心がけましょう。子どもはたくさん練習する必要があり、服を着る練習を一度始めたら、上手になるために時間と機会をたっぷり与えてあげなくてはなりません。

完璧に習得する
練習する時間を子どもに与えれば、やがて複雑なボタンも自分でとめられるようになります。

ボタンやちょう結びの練習

実際に自分で服を着られるかどうかをやってみる前に、必要な動作の練習をしましょう。

ボタンをとめる

大きなボタンの服を床に置いて、ボタンをとめたり外したりする練習をするとよいでしょう。

ちょう結びのフレーム

このフレームは2色のリボンが左右に付いていて、ちょう結びの練習ができます。

実践の手引き 自分で服を着る

着替えの練習をするのに最適なのは、誰も遅刻しそうだったり急いでいたりしないタイミングです。リラックスしてお着替えゲームを楽しむ時間を取りましょう。

自分でお着替え

子どもが1歳6カ月くらいになったら、自分で服を着ることに興味を示し始めるかもしれません。

出かける準備

帽子とマフラーなどの簡単なアイテムは、子どもが自分で服を着る練習を始める際の入門編として適しています。

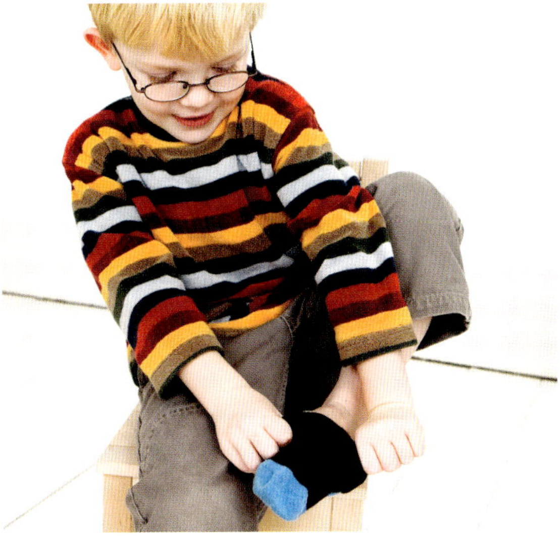

靴下をはく

自分で靴下をはくには、手の器用さが必要です。正しい向きを見つけて引き上げてはくという手順を教えてあげましょう。

マジックテープの靴

自分で靴をはけるようになったら、マジックテープでとめる靴なら一番簡単です。

ひも結び

靴ひもを結べるようになるには、練習が必要です。ちょう結びのフレーム（前ページ参照）は、ひも結びの練習を始めた子どもに役立ちます。

段々できるように　コートを着る

こうすれば、コートが自分で簡単に着られますし、子どもが楽しんで挑戦できます。コートがするりと体を包み込んでちゃんとおさまる様子は、まるで魔法のようです。

1
エデンが、裏地が表になるように床にコートを置いて、フードがある方にしゃがみます。

2
そでに手を入れて、頭の上にコートを持ち上げます。そでが自然と腕にすべるように下りてきます。

3
コートが背中におさまりました。エデンが前の部分をまっすぐに直すと完成です。「ほら、自分で着られたよ」。

4
何度か練習したら完璧にできるようになり、エデンは今では30秒もかけずに自分だけでコートが着られます。自信に輝くこの笑顔！

小さな子どもにとってコートを自分で着るのはかなり難しいものです。大人でも、片方のそでが背中で行方不明になって苦労することがあります。モンテッソーリ幼稚園では、冬に小さな子どもが大勢同時に出かけるのでコートを着なくてはならないというとき、最低限の手助けだけで支度ができるようにするシンプルな方法を使っています。簡単なので、おうちでも取り入れてみましょう（前ページ参照）。

準備の手伝い

まず、玄関に靴のラックを置き、子どもが自分でコートをかけられるように低い位置にコートかけを取りつけましょう（42ページ参照）。コートをかける前に、脱ぐときに引っ込んでしまったそでを毎回きちんと整えるように教えましょう。それから、前ページのステップに従って自分でコートを着る方法を説明します。床に置いたコートにえりの方から近づくところがポイントです（最初の数回はコートを逆さに着てしまう子どもが少なくありません）。丁寧に手本を示しましょう。コートが自分で着られるこの魔法のような方法をマスターすると、自立心と達成感を味わえます。本人が望むだけ練習させましょう。

「子どもが着替えの
練習をしている間は
忍耐強く待ちましょう。
小さな子どもには
たくさんの練習が必要です」

靴のはき方

小さい子どもは、靴の左右を間違えがちです。靴やブーツは1足ずつ洗濯ばさみでとめておくと、きちんとそろった状態が保てます。きちんととめてあると、自分で靴をはくときも左右が間違いなく分かります。

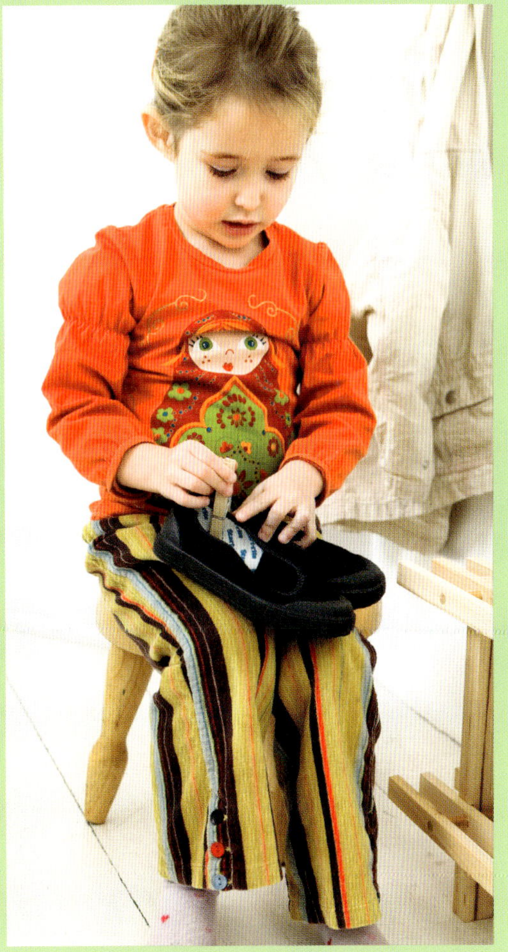

helping out around the house

家事の手伝い

子どもが小さいうちは、家中どこにいても親のそばにいたいもの。役に立ちたい、もう赤ちゃんではないという思いでお手伝いがしたくなります。

家事は、小さな子どもも含む家族全員ができるアクティビティー。室内や庭をきちんと整えておくための作業に子どもはプライドを持って取り組みます。家事は義務ではなく秩序感と達成感を得るための作業と考えるべきです。もちろん、子どもは大人と同じように家事ができるわけではなく、大人がやった方が簡単に思えることは多いでしょう。それでも、環境を整え、忍耐強く家事のやり方を段階的に教えるための時間をとれば、同時にお仕事に取り組む姿勢を示すこともできます。

正しいアプローチ

道具を集めるところから始めましょう。子どもサイズのほうき、モップ、バケツ、専用のはたき、ぞうきんを用意し、クレンザーや洗剤なども親が管理して使わせます。たとえばキッチンの流しなど、お手伝いしたいところに子どもの手が届くようにする工夫も必要です。大人はあまり考えずに家事をこなしていますが、子どもには複雑な作業を段階に分けて説明し、手順をおぼえてもらう必要があることを忘れずに。子どもが特定の技術を学んでいる最中には、手順を儀式化して、いつも同じ道具を使い、同じ順序で行うようにしましょう。子どもは練習と繰り返しによって学びます。ある技術を習得するまで、同じことを何週間も何カ月も繰り返したとしても、驚かないように。

もちろん、子どもを小さな奴隷にすることが目的ではありません。お手伝いしたくてたまらないときもあれば、他のアクティビティーに夢中でそれどころではないときもあるでしょう。親の注意を引いてほめられたいという気持ちがやる気につながることが多いようです。子どもが自分一人でお仕事をやりたいと思うことはあまりないかもしれません。たいていは、親の後を追いかけて、親がしている作業の手伝いがしたいと望むものです。親がいらいらしたり、批判したり、仕上がりが完璧でないからといってやり直したりしないようにすれば、子どもは家事の手伝いを喜んでするようになります。

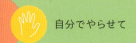

段々できるように　床をはく

小さな子どもには、ほうきで床をはくのがとても楽しく感じられるものです。シンプルなお仕事ですが、丁寧に小さなステップに分割してやり方を教えれば、さまざまなアクティビティーの後に自分で掃除をするのにとても役に立ちます。

1
床にテープを四角形に張っておきます。キャサリンがそこを目標にごみを集めるようにします。

2
教えてもらった通りに両手でほうきを持って、四角形の中に丁寧にごみをはきます。

3
最後に、キャサリンはちりとりとブラシを使ってごみを取ります。ちりとりを平らに持って、そっと立ち上がり、目を離さないようにしてごみ箱に運びます。

洗った皿をふく
エデンは夕食の後、皿ふきをします。お父さんとお母さんのお手伝いができるのがとても誇らしげです。

実践の手引き　小さなお手伝いさん

大人と同じようにお仕事ができるよう、家事のやり方をステップごとに丁寧に教えてあげましょう。子どもは家族の中で役立つ存在になり、自尊心を発達させます。

水で楽しむ
リリーローズはお皿洗いが大好き。水遊びと同じくらい楽しいけれど、責任重大で、しかも役に立つ結果に結びつくお仕事です。

靴磨き
リュックは靴磨きをすると、足元を見るたびに達成感を覚えることができます。

はたきかけ
羽根のはたきをかけるのが、フレッドのお気に入りのお仕事です。

注ぎ方を学ぶ

小さな子どもを信頼して飲み物を注がせるなんて、多くの親にとって想像もできないかもしれません。しかし、細かく段階を分ければ、楽しく練習しながら教えられるお仕事です。子どもの小さな手にちょうどいい取っ手がついていて、満杯にしても重すぎない小さなジャグを準備すれば、液体を注ぐ練習はずっとやりやすくなります。最初は米や豆などの乾いた物を2つのジャグの間で注ぐようにすれば、さらに簡単です。最初の練習には、なるべく小さなクリーム入れなどを使うとよいでしょう。プラスチック製ではなくて丈夫な陶器かガラス製のジャグを使えば、子どもが丁寧に作業をするようになります。ジャグの下には色つきのトレイを敷きます。米や豆がこぼれても床に落ちずに目に見えやすく、練習が終わったときに片付けやすいようにします。ジャグの取っ手を一番持ちやすいやり方でにぎるように教えましょう。それから、ジャグの注ぎ口の下をもう片方の手で支えることを、手本を見せながら説明しま

段々できるように　小さなジャグから注ぐ

注意深く飲み物を注ぐのは、小さな子どもにとって楽しいお仕事です。小さなジャグを2つと米か豆を用意すれば、液体で練習を始める前に技術を磨くことができます。

1
リリーローズが、ひとつのジャグから別のジャグにレンズ豆を注ぎます。こぼれても色つきのトレイの中に納まります。

2
両手でジャグを支えて、今度は豆ではなくて水を注ぎます。

す。こうすれば、注ぐときの角度を調節できます。乾いた米や豆を、ジャグからもうひとつのジャグに注ぐ練習をします。それから、もう片方のジャグを持って練習を繰り返します。「一粒もこぼさないで、お米をジャグからジャグに注ぐことができるかどうか、やってごらん」と言って、丁寧に作業することの大切さを強調しましょう。

子どもがこのお仕事をできるようになったら、難易度を少しずつ上げるために、まずは少し大きめのジャグにして、それから、ジャグではなくグラスに米を注ぎ入れるようにします。グラスに入る量の米だけをジャグに入れておけば、成功率が上がります。最後に、子どもの準備ができたと判断したら、ジャグの中に乾いた米ではなく水を入れます。一滴もこぼさずに、水をグラスに注げるかどうか、子どもにやらせてみましょう。

このお仕事は一日でできるようにはなりません。小さな子どもが手と目の協働を発達させて、自力で正確に水を注げるようになるまでには、通常数カ月ほど練習する必要があります。

3
リリーローズは、水をこぼさずに丁寧に注げるようになりました。のどが乾いたらいつでも自分で水を注いで飲めます。

スプーンで食べ物をすくう

親が子どもにテーブルマナーを教えるプロセスには、食器から口に食べ物をこぼさずに運ぶことが、少なくとも身体的に可能になるよう、筋肉の細かいコントロールを身につけさせることが含まれます。

ボウルとスプーン、フォークを使ってゲームをすると、上手に食べるための技術が磨けます。トレイ1枚とボウル2コを用意し、ひとつのボウルには乾燥白いんげん豆など比較的すくいやすい物を入れておきます。子どもの手にちょうどいい大きさのスプーンが必要です。手本を見せて、豆を一粒ずつ、もうひとつのボウルに移すやり方を示します。子どもにもやらせてみましょう。やり終わったら、何度でも好きなだけ繰り返します。

こぼさずにできるようになったら、難易度を上げるために、大きな白いんげん豆の代わりにお米など、もっとやりにくい物にして、これも練習を繰り返します。

さいの目に切ったチーズやゆでたグリーンピースなどの食べ物を使えば、フォークの使い方も同じように練習できます。

ナイフを使う
ナイフの使い方を教えるときは、バナナなどの柔らかい物から始めましょう。

おやつの準備
トムは、材料と小さなまな板を自分で用意できます。クラッカーにクリームチーズを塗る手順も教わりました。

おやつ作り

子どもが健康的なおやつを食べるようになるには、おやつ作りを本人にやらせるのが効果的です。小さなナイフの使い方を見せるところから始めましょう。小さなチーズ用ナイフなど、先が丸いものを選びます。こうしたナイフは、柔らかいチーズやバナナなどが切れるくらいの切れ味です。持ち手の正しいにぎり方と、バターやジャムなどをクラッカーに塗る手順を教えましょう。

上手に塗れるようになったら、バナナなどの柔らかい食べ物の切り方に進みます。子どもが成長して手の力が強くなり、ナイフを上手にコントロールできるようになったら、りんご、にんじん、セロリなど、より切りにくい物を与えます。やがて、こうして練習した技術を使って、夕食のサラダや野菜料理を作るお手伝いができるようになるでしょう。

おやつ作りに必要な材料や道具は、キッチンの低い棚に入れておいて、子どもが自分で見つけられるようにしましょう。冷蔵庫に入れなくてはならない物は、子どもの手の届く低い棚に、取り出しやすいように入れておきます。

上手におやつが作れるようになったら、家族や遊びに来た友達のためのおやつも準備してもらいましょう。スライスしたバナナや、バターやクリームチーズを塗ったクラッカーを並べた大きなプレートを用意して、バナナを食べるのに使うようじや小さなフォークをお客様にすすめます。

できあがり
トムは自分で小さなジャグからジュースをグラスに注げます。おやつのできあがりです。

4

平和を保つ

keeping the peace

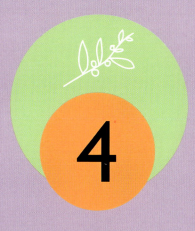

create a loving climate

愛情に満ちた雰囲気を作る

親が手本を示し
安心と無条件の愛情を与えれば
子どもはマナーや思いやりと礼儀を学んでいきます。

モンテッソーリ教育を取り入れている家庭では、親は思いやりと優しさを示し、子どもを一人の独立した人間として尊重します。子どもも思いやりをはぐくみ、日常生活で守るべき礼儀のルールを学ばなくてはなりません。そのためには、子どもが自尊心とともに他者への同情と敬意を持てるように、親が心がけてあげる必要があります。常に子どものそばにいるわけにはいきませんから、誰も見ていないところでも、子どもが誇りと一貫性を保って行動できるように教えなくてはなりません。今後子どもが直面する具体的な状況すべてに備えるのは不可能でも、新しい状況で親切な行いができるよう、いつも基本ルールを守るように教えることならできます。

赤ちゃんのふるまい

赤ちゃんは規律や決まり、罰には無反応でも、無条件の愛情には反応するものです。善悪の判断ができる段階には達していません。瞬間に生きていて、何かがほしいときは「今すぐに」ほしがっています。赤ちゃんと幸せに暮らすには、泣くときに何を伝えようとしている

印象を残す
抱っこされると、赤ちゃんの脳内には幸せホルモンが分泌されて、健康によい効果を与えます。

赤ちゃんから学ぶこと
赤ちゃんの泣き声に耳を傾ければ、さまざまな異なる感情を伝えていることや、どう対応するべきかが自然に分かるようになります。

かを理解するよう努力することです。泣くのは、赤ちゃんにとって数少ないコミュニケーション手段のひとつです。おなかがすいているか、げっぷがしたいか、居心地の悪い姿勢を取っているか、おむつを替えてほしいのかもしれません。

赤ちゃんもひとりの人間だということを忘れないようにしましょう。恐怖を感じることもあります。退屈したり、さびしくなったりもします。悪夢を見ることだってあるでしょう。注意深く観察し、耳を傾けましょう。親が子どもに注意を向ければ、何を伝えようとしているかが最終的には分かるはずです。赤ちゃんや小さな子どものふるまいは衝動によって起き、基本ルールに従うべきかどうかを決める能力も限られています。常にマナーの手本を示すと同時に、許される行動とそうでない行動の理由を説明しましょう。子どもが親の言うことを無視することは珍しくありません。しかし、愛情と敬意

に満ちた環境にあれば、子どもは親の言葉を次第に理解し、意識的にそれに応えるようになります。親が礼儀正しい行動を続けていれば、やがて子どもはそれをまねて親に協力してくれるようになります。親に協力するよい子でいれば、子どもにとってもよいことがあり、親を困らせると、子どもにとってもあまりよいことは起きないものです。

年長の子どもに教える

子どもは親に対して深い愛情を持っていて、親に気に入られたいと願っています。親が目指すべきことは、子どもがごほうびを望んで、または反対に嫌な事態を避けるために親の言いつけに単純に従うことではありません。礼儀、親切、それに善悪の明確な判断を子どもが内面化できるように手伝うことが、親の究極の役目です。このためには子どもが社会的な意識と自律を発達させることが必要で、子ども自身が成長しなくてはなりません。

子どもは大人と同じような感情を持っていますが、フラストレーションや怒りを適切に表現する方法を本能的には知らないうえ、争いを解決する方法も分かりません。大人と一緒にいないときでも親切に礼儀正しく

親は教師
親はわが子に自分の感情とどう向き合い、それをどう表現するかを教えなくてはなりません。

「正しいふるまいを教える方が、間違いをしてから叱ったり脅したり罰するよりも望ましいことです」

できるよう、他者とうまく共存していく方法を教えるのが親の役目です。すべての親は、道徳の先生、または反面教師です。親が大切にしている価値観を子どもに示し、それが生きる信条になるように教えることが目標になります。これが達成できれば、子どもは高いレベルの自尊心を身につけられるでしょう。また、強固な友人関係を築ける人になれるはずです。他者の権利を尊重できる人は、誰からも好かれるものです。

子どもの年齢が上がれば新しい状況でも自然にうまく対応できるようになると思ってはいけません。正しいふるまいを教える方が、子どもが間違いをしてから叱ったり、脅したり、罰するよりも望ましいことです。子どもが不適切な行いをしたら、丁寧かつ毅然とした態度でやめさせて、社会的に許されるやり方で状況に対処する方法を教えます。

敬意を見せることの大切さ

教師や親の中には、厳しくしつければ子どもの人格や将来を形成できると信じている人もいますが、子どもの成長の鍵は子ども自身が握っています。幼いうちは、個性の表現も控えめで気まぐれです。子どもが成長し、自律と責任感を身につけた大人になる手助けをするのが、大人の役割です。不幸なことに、多くの親は過保護になりがちで、子どもは経験を通してしか学べないということが理解できていません。自分もかつては子どもだったはずなのですが。

子どもが自分自身とも、すべての人や環境とも平和に共存できるように手助けしたいものです。子どもが自立した思慮深い人になるために、家庭環境を整える努力をしましょう。そのためには、「今は親としてお世話しているけれど、大人と同じ完全な人間」として、子どもに敬意を払うことが大切です。子どもは、ありのままの自分でよいのだと実感したいもの。子どもが親の期待をかなえることができないとか、自分の将来の見通しに親が不満を抱いていると感じれば、感情が傷ついたまま人生を送ることになります。

YOUR CHILD'S **BRAIN**
子どもの脳で起きていること

アメリカの未就学児を対象にした最近の研究では、親に甘やかされて育つと、自己抑制ができない子どもになるという強い因果関係が明らかになりました。一方で、関係の程度は低いものの、親が非常に厳しい場合も、自己抑制ができない子どもになる傾向が強まることも分かりました。

finding a common parenting style

一貫した育児スタイルを見つける

カップルが親になるときというのは、ふたりとも、どのような家族生活にしたいのか漠然とした期待しかないのかもしれません。

両親の育児スタイルが一貫していて、子どもが安全で愛されていると感じて、家庭内に信頼感があれば、子どもは順調に育つと研究で明らかになっています。

育児の方針には、大きく分けて「厳しい」「甘い」「バランスが取れている」の3つのスタイルがあります。最も望ましいのはバランスが取れたスタイルで、論理的で一貫したルールとその応用が行われます。親は子どもがやっていいことに限界を設けますが、子どもはきちんと話を聞いてもらえると感じていて、親切と礼儀の基本ルールに基づいて家庭内の文化を築いていきます。子どもに望む行動の手本を見せることも大切なので、両親の意見が分かれた場合は対応を考え直さなくてはなりません。子どもの目の前でパートナーと言い争ったり、パートナーの意見に反対であることを陰で子どもに言ったりするのは破壊的な行為です。その場ではパートナーの味方になり、あとで意見の違いについて話し合うのがよいでしょう。

「育児スタイルが一貫していて安心できれば子どもは順調に育ちます」

早い段階で育児教室に一緒に参加し、育児に関する本を読んで話し合えば、方針が一致するでしょう。将来に起こりうる状況について指摘し、家族として一貫した態度で解決するにはどうすればよいかを話し合いましょう。合意できない場合や、リスクや問題が大きくて解決できないと感じたら、専門家の助けを求めましょう。

育児の姿勢を同じにする

祖父母は孫の暮らしに重要な役割を果たします。その存在のおかげで、子どもは親以外にも自分を愛して気にかけてくれる人がいることが理解できます。おじいちゃんやおばあちゃんにも育児スタイルを伝え、常に一貫性を持つのが望ましいと理解してもらいます。ただし過剰な期待は抱かないようにしましょう。

調和の中で暮らす
両親が一緒になって最良の家族生活を見つけようとしていれば、子どもは安心を感じます。

coping with family change

家族の変化に対処する

**人生が変わる出来事は避けられないかもしれませんが
子どもに与える影響は
最小限に抑えなくてはなりません。**

子どもの生活は予測のつくルーティーンの連続で、自分を理解してくれている人に世話してもらっているのが日常ですが、ときに世界がひっくり返ることもあります。弟や妹の誕生や養子縁組によって、子どもの生活は一変し、複雑な感情に圧倒されます。たとえば両親が別離や離婚に直面しているときや、家族や親せきが亡くなったときなどは、子どもは大きなストレスを感じ、ショックとトラウマを覚えることもあります。

注意深く対応する

幼い子どもはどんな変化にも敏感で、落ち着きを失ってしまいます。そんな自分の気持を表現できるかもしれないし、できないかもしれません。親自身も興奮や混乱や動揺を感じているかもしれませんが、子どもができる限り落ち着いて変化を乗り越えられるよう、できる限りの手助けをするべきです。そのためにはどうすればよいでしょうか。もちろん、子どもの年齢と状況によって対応は変わってきます。両親の別離や離婚を子どもが乗り越えられるようにするためのアドバイスを提供する本はたくさんありますし、身近な人の死などによる喪失について扱った本もあります。家族の死の場合でいえば、一番重要なのは、子どもが理解できる以上の情報は与えないこと。子どもの質問や悩みに耳を傾けて、できる限りシンプルに答えて、いつもそばにいて守ってあげると言って子どもを安心させてあげましょう。

両親の別離や離婚の場合も同じアドバイスが有効です。さらに重要なのは、自分の味方になるように子どもに言ったり、争いの仲介役を頼んだりするのだけは避けるべきだということです。親はできる限り大人のふるまいを維持し、子どもの前では落ち着いた信頼で

「子どもの疑問や考えに
耳を傾け
できるだけ単純に
答えましょう」

きる態度を見せましょう。子どもに不要な情報を与えないようにして、またどんなにつらくても子どもになぐさめてもらおうとするのはやめましょう。それは子どもの役割ではありません。

家族会議

家族の中で発生しかねない状況には数え切れない種類がありますが、そのほとんどに役立つ戦略をひとつ挙げてほしいと言われたら、私なら家族会議と答えます。毎週、3歳以上の家族全員（同居する祖父母も含む）が参加する会議を、家族生活の決まった習慣にします。小さな子どもはただ同席して、その雰囲気を味わうだけでもよいので、おもちゃなど遊べるものを用意してあげましょう。子どもの年齢により、10～15分くらいの短時間で切り上げます。いくつかのガイドラインを挙げておきます。

- 家族会議は神聖な時間です。家族全員が可能な限り出席するようにしましょう。
- 会議は食事時間ではないときに行います。
- テキスト、メール、電話、コンピュータ、タブレットなど、すべての通信機器をオフにします。
- 議長は全員で兼任し、全員が交代で司会を務めます。
- 会の始まりでは、お互いへの感謝を表し、よいふるまいや働きを認める時間を持ちましょう。
- 最初の数回は、楽しいトピックを取り上げましょう。後には、子どもか親が難しいトピックを提案するようにします。
- 最後はジョーク、詩の朗読、歌などで締めくくり、楽しい雰囲気で終わります。

一度習慣になれば、家族会議はみんなにとって大切で楽しみな時間になり、家族として共有しているさまざまな問題について安心して話し合える場になります。

危機を乗り越える
人生に予期せぬチャレンジが訪れたときは、子どもの安定と健康が最優先されるべきです。

sidestepping tantrums

かんしゃくを避ける

**子どもがかんしゃくを起こしている最中は
子ども親も完全にコントロール不能な状態に陥る危険性があります。
しかし、どちらかが大人にならなくてはならないのです。**

かんしゃくは幼児の典型的な行動ですが、子どもが願いを聞いてもらえる手段として認識してしまうと、大きくなってからもかんしゃくを起こし続けることがあります。子どもがかんしゃくを起こすのは、疲れすぎているか、空腹でいらいらしているか、感情的に圧倒されているか、気分が悪いときです。子どもに「知恵」がつく年齢になると、かんしゃくは親の限界を試すか、親の反応を見るための手段になります。

子どもはいつも、最悪のタイミングでかんしゃくを起こします。車の運転中、外で買い物をしているとき、レストランや友人宅で食事中など、騒動を起こしてほしくないと親が思うときに限って、かんしゃくは起きます。親はどうにかして止めようとします。周囲の目が恥ずかしく、ストレスレベルは急上昇します。このようなときに、脅しや罰で解決しようとする親もいますが、忘れてはならないのはかんしゃくには意味があるということ。根本的な原因をつきとめて子どもの必要に働きかけることが、唯一の解決法なのです。

「かんしゃくは
親の反応を見て
限界を試す
手段かもしれません」

かんしゃくの種類

子どもが疲労や空腹、病気のときのかんしゃくと、怒りや不満を感じているときに限界を試すために見せるかんしゃくの間には、大きな違いがあります。前者は親が原因を見極め、落ち着いて行動し、食べ物を与えたり休めたりし、気分を鎮めて安心させてあげることが必要です。スーパーマーケットや社交の場で子どもがコントロールできないくらい泣きわめくのははずかしいものですが、少なくともそこには身体的な理由があって、原因さえわかればすぐに解決することが可能です。親が最善を尽くせば、やがては状況をコントロール

原因と結果
子どもは疲労や空腹、病気が原因で、または単に不満を感じて、かんしゃくを起こします。

できるでしょう。

後者のタイプのかんしゃくは、いわば権力闘争です。子どもが無力さを感じたときに、なんとか状況をコントロールしようとして混乱に満ちた行動に出ます。子どもが「いや」と言ったり、かんしゃくを起こしたりしたら、それは親であるあなたに何かを伝えようとしているのだと思い出さなくてはなりません。親は落ち着いて、一歩引いて状況を見て、隠されたメッセージを読み取りましょう。必要なのは、ただ子どもの話に耳を傾けることかもしれません。誰も話を聞いてくれないという不満を感じることは、大人だけではなく子どもでもよくあります。

子どもに選ばせる

子どもに選択肢を与えることで、権力闘争を終わらせましょう。たとえば、子どもが着てよい服装を2種類用意し、好きな方を選ばせます。こうすれば、子どもも自分が状況をコントロールできていると感じます。

問題を解決する

小さな子どもはうまく言葉で問題を説明できないので、親はかんしゃくについて理解しがたいと感じるかもしれません。でも、ほとんどの親はやがていつもの症状を認め、冷静に判断ができるようになるものです。

原因が空腹なら、たとえ食事時間が近づいていなくてもすぐに食べ物を与えましょう。こうした非常事態に備えて、常に健康的なおやつを持ち歩きましょう。

子どもが疲れすぎているなら、たくさん話すのはやめて、静かな声でなだめながら抱っこしたり揺らしたりして、子ども部屋などの休める場所にすぐに連れて行きましょう。

病気と考えられるなら、静かな声で話し、安心させてあげましょう。子どもが吐きそうなら、容器やゴミ箱と顔をふくタオルを用意しましょう。病院に連れて行く必要がありそうなら、できるだけ静かに手配します。

友達とランチをしている最中や電話で長話をした後など、子どもにかまってあげられなかったときは、用事が終わったときに十分に注意を向けましょう。

変化が苦手な子どもも多く、これもかんしゃくの原因になります。たとえば、公園に子どもを連れて行ったときは、もうすぐ帰るということを早めに伝えましょう。「あと10分で家に帰るよ。もう1回すべり台をするのと、ブランコに乗るのとどっちがいい」などと、前もって告げて選択肢を与えることで、子どもはよりスムーズに変化を受け入れます。

子どもが明らかに限界を試しているときは、親は落ち着いた態度を保ち、議論を避けます。静かな声で「まだ公園で遊んでいたいんだね。でも、おうちに帰ってお昼ご飯を作らなくてはね」などと説明して、不満は理解できるが、それでもルールは守らなくてはならないと伝えます。

落とし穴を避ける

家族生活にはパターンが生まれがちです。繰り返しかんしゃくを引き起こす原因がないかどうか考えてみて、それを避けるように努めましょう。たとえば、買い物に行くと子どもがかんしゃくを起こしがちなら、パートナーかベビーシッターに預けて出かけるようにすればよいのです。

子どもは予定が突然変更になると騒ぐことが多いので、わが子にその傾向が見られたら、前もって予定を伝えて、それに従って行動するようにします。

何かをする前に、決まりを伝えましょう。たとえば、買い物に行くと子どもがおもちゃをねだるなら、前もって約束を決めてそれを守ります。子どもがむずかったり懇願したり、状況を操作して親の意見を曲げようとしても屈しません。かんしゃくが起きる兆候を察したら、ゲームで気をそらせるようにするのも効果があります。でも、それでも子どもの気持がおさまらなかったら、その場を離れて座って本を読んだり、少しだけ屋外に出たりして、抱っこしてほしいならそうしてあげます。

中にはがんばりすぎの家族も見受けられます。幼児は決まったルーティーンを好み、ひとつのアクティビティーを終えて次のアクティビティーに移るときに、不満や疲れを感じるものです。こうした事態は避けられないこともありますが、体操教室やダンスのレッスンなどの習い事を始めるときは、じっくり検討してください。さまざまなアクティビティーを忙しくこなす毎日は、家族全員のストレスレベルを上げ、子どもがかんしゃくを起こす可能性を高めるだけです。

YOUR CHILD'S **BRAIN**
子どもの脳で起きていること

難しい状況に遭遇した子どもはストレス反応を起こし、心拍数が増加し、血圧が上昇し、ストレスホルモンのコルチゾールが分泌されます。大人が優しくサポートしてあげることで、こうした反応は抑えられ、ストレスに健康的な対応ができるようになります。

かんしゃくを乗り切るコツ

子どもがかんしゃくを起こしたときに思い出したいことがいくつかあります。

- たたくなどの体罰を加えるのはやめましょう。暴力をふるってもよいのだと誤解させるだけです。
- かんしゃくの最中に、子どもを身体的に拘束するのはやめましょう。ただし、車道に飛び出そうとしたときなど差し迫った危険があるときは例外です。
- 脅しや罰に頼るのはやめましょう。非論理的にふるまっている子どもには効果を発揮せず、すでに始まっている感情の混乱を助長するだけです。
- 議論はやめましょう。理屈の通らない状態の相手と討論しても勝ち目はありません。
- 子どもにはずかしい思いをさせたり、子どもの行動をばかにしたりするのはやめましょう。将来、他者に対して同じ行動に出るようになります。
- 公の場でかんしゃくを解決しようとするのはやめましょう。他の人から離れて親子だけで話し合える場所に子どもを連れて行きます。他の人に対する礼儀にもなりますし、状況に対処しやすくなります。

寝かしつけをバトルにしないために

夜寝る前のひとときは特別な時間ですが、親子の権力闘争の場にもなりえます。子どもが寝たくないと思う理由はさまざまです。指図されるのが嫌だったり、寝た後に何か楽しいことが起きるのではないかと思っていたり、疲れを感じていなかったり、単純に親のそばにいたいからかもしれません。いずれの状況でも、子どもの行動が本当に意味することは何かを考えましょう。それから、子どもの望みを部分的にかなえつつ、眠ってもらうための方法を見つけましょう。

寝る前の儀式を決める

寝る前の儀式には、夜食、入浴、歯磨き、読み聞かせ、それから抱きしめてベッドに入れておやすみのキスをするといった順番が考えられます。毎晩同じことをしましょう。寝る前の儀式によって、子どもは落ち着いて安心した気持ちになれます。やることをすべて静かに進めて、興奮を招くような事態は避けます。儀式を始める10分前くらいにまず予告をすれば、子どもがそのときしていることを終わらせる心の準備ができます。どちらを選んでもよい選択肢を子どもに与えることで、親子の権力闘争を避けましょう。たとえば、「今晩はお母さんに寝かしつけてもらうのがいいかな。それともお父さんかな」と聞いて決めさせます。

子どもが寝つきにくいときは、誘導によるビジュアライゼーションを試してみましょう。親が、快く穏やかな体験を言葉で説明します。リラックスできるような音楽を流す親たちもいます。魔法のじゅうたんで旅に出るとか、美しい川を船で行くなどのお話をしてあげるのもよいでしょう。

「小さい頃、肩車してあげたの覚えてる」などと、幸せな記憶について親子で話し合うのも効果的です。「みんなに親切にしてあげられて、とても素敵ね。○○ちゃんのお母さんでよかったな」などと、お互いについて好きなところをほめ合うのもよいでしょう。「今日したことのなかで何が一番よかったかな」などと、その日にあったことについて適切な質問をして話をさせるのもおすすめです。「今日何をしたの」という質問は「別に何も」という答えにつながりやすいので、気をつけましょう。

「毎晩同じことをするのがよいでしょう。
寝る前の儀式によって
子どもは落ち着いて
安心した気持になれます」

YOUR CHILD'S **BRAIN**
子どもの脳で起きていること

眠りは子どもの学習能力に深い影響を与えます。ドイツとスイスの研究チームは、子どもが昼間、潜在意識の中で学んだ内容が、一晩の深い眠りの最中にアクティブな知識になることを明らかにしました。このプロセスは大人に比べて子どもでは非常に顕著に見られます。

寝る前の儀式が終わったら、静かに子ども部屋から出ましょう。子どもが何度も起きて親を探しに来るという終わりのないパターンを防ぐために、「本当に緊急の場合以外は、寝た後に起きてきても、またお部屋に連れて帰るだけだよ」と前もって言い聞かせます。議論は避けて、決して譲らないようにします。落ち着いて優しく一貫した態度を保ちます。一貫性がなければ、子どもはルールをますます曲げようとして、それが本当にルールなのかどうかを試そうとします。緊急事態に対応するために、ルールを一時停止させるべきときもあります。たとえば、恐怖や病気のために夜中に起きてしまったときなどです。親としての直感に従いましょう。

寝る前の儀式
読み聞かせは、眠りに向け て子どもの気分をほぐし、落ち着かせるために理想的なアクティビティーです。

a positive approach to discipline

肯定的なしつけ

しつけは罰することだと
考えている親は少なくありませんが
実際には、しつけとは教えることに他なりません。

程度の差はあれ、ルールを試そうとしない子どもはいません。親を試そうとする行為の多くは、子どもの正常な成長過程の一部といえるでしょう。子どもが大人を試すのは、自分でも理解できない感情を表現する方法であり、大人の反応をもとに、少しずつ自分の感情を適切に扱う方法を学んでいくものです。子どもは親の限界を試すことで、親がどれだけ人間関係における親切と礼儀の原則を重視しているかを学びます。騒ぎを起こすのは、子どもが自立に向けて最初の一歩を踏み出そうとしている証拠。親に支配されたくないと示そうとしているのです。

家族の原則

ルールをたくさん設けすぎている家庭が見受けられます。本当に必要なのは、すべての人に対して大人が期待したり希望したりすることを定める基本的なガイドラインです。子どもの生活を厳重に管理するために特別なルールを定める必要はありません。基本ルールを家族で一緒に決めて書き出し、いつでも見えるところに張り出します。子どもの間違いに焦点を置くのではなく、正しい行いを教えるようにしましょう。モンテッソーリ教育を実践する家庭では、次のような基本ルールだけで十分です。

- すべての人に敬意を示しましょう。
- 何かを使ったら、使い終わり次第、きちんと元の場所に戻しましょう。
- 何かを壊したりこぼしたりしたら、きれいに片付けましょう。
- うそはつかないこと。間違いをしたら、勇気を出して認めましょう。

親は家族の基本ルールを完璧に明確に把握しなくてはなりません。禁止事項としてではなく、前向きに子どもに説明しましょう。「だめ」なことではなくて、子どもがやるべきことを示すのがルールです。日常生活の技術を教えるのと同じように、ルールを守るように教えましょう。子どもにしてほしいと思う行動について、親が率先して手本を示します。子どもが正しいことをしていたら、それを意識的に見つけるようにして、よい方向

片付けを教える
子どもが遊び終わったら、おもちゃの片付け方を教えましょう。

への進歩はたとえ小さな一歩であっても認めて励まします。新しい技術が完璧にできるようになるまで待つ必要はありません。その過程でも伸ばしてあげるようにします。

子どもが基本ルールを破ったら、叱ったり脅したり罰したりする以外にできることがあります。適切な選択肢を示して軌道修正させましょう。基本ルールを思い出させて、丁寧かつ毅然とした態度でやめるように言います。感情的にならなければ（親がいらいらしなければ）、そうした状況にどう対処するべきかの基本的な教訓を教え直すことができるはずです。常に一貫した

ルールを破ったとき
家具の上に登らないことが基本ルールなのに、子どもがソファの上で飛び跳ねたとしたら、丁寧かつ毅然とした態度でやめさせましょう。それから、ルールとその理由を改めて説明します。

態度を示しましょう。ルールはいつも守れない限り、基本的ルールとして定めておくべきではありません。少数の大切なルールをきちんと守る方が、たくさんあるルールを守らないよりもずっと好ましいのです。

「だめ」を減らしましょう

子どもは遅かれ早かれ、「いや」と言い張るようになるものです。これは幼児期に始まる権力闘争で、その後青年期まで続きます。幼児のいやいや期については「恐るべき2歳児」という言い方がありますが、実際には2歳でもそれ以上の年齢でも、「いや」を避けることはできます（右の囲み参照）。

権力闘争は親子がそれぞれ自分の意見を通そうとして、どちらも譲らないときに発生します。どちらも不満をおぼえ、脅されていると感じます。親からすれば、子どもが親の権威に挑戦しているように思えます。こういうときの子どもは、無力感をおぼえているからこそ、自分の力を示し、親子の力関係にバランスをもたらそうと試みています。

罰するのではなく教えよう

脅しや罰は、子どもに正しいふるまいを教えるうえで適切な手段とはいえません。子どもが怒りを感じているときや、自立していることを示したいときは、悪い行いをして罰せられたとしても気にしません。反対に、脅しに反応したり、罰を受けて震え上がったりする子どもなら、不安のあまり親に気に入られたい、愛情を取り戻したいと必死になっています。こうした子どもは、他のやり方で規律を教えても十分効果があります。罰はそのときだけは有効でも、長期的な効果は乏しく、罰を受けている人が脅されていると感じる場合だけに結果をもたらします。

子どもには、正しいふるまいをするように教え、侮辱や怒りではなく前向きな面を強調しましょう。何よりも大切なのは、子どもに答えられない質問を聞かないことです。「何回言えば分かるの」という質問に対する適切な答えは、「そんなの分からないよ、お父さんは何回言えば気がすむの」でしょう。

「いや」を減らす方法

権力闘争を緩和し、なるべく否定をしないで済むための対処法をいくつか紹介しましょう。

- 子どもに選択権を与えましょう。「夜ごはんにはお水を飲みたい、それとも牛乳かな」など、可能なときはいつも、同じくらい好ましい2つの選択肢の中からひとつを選ばせるようにします。
- 「お母さん、今はやりたくないんです」など、礼儀正しく「いや」を伝える言い方を教えましょう。
- ロバート・ハインラインによる「家族生活の黄金律」を心に留めましょう。「親切と礼儀は、他人どうしよりも、夫と妻、親と子の間でこそ大切なものです」。
- ただ子どもに譲るのではなく、親として威厳を保てる道を探りましょう。妥協を通して、親も子も、希望のすべてではなくとも大部分をかなえられるかもしれません。
- 子どもに日常生活で適切なレベルの自立と責任を与えることで、権力闘争を最低限に抑えることができます。子どもが自信を感じ、大きくなったように感じられるからです。
- 友達や他の人を傷つける、物を壊すなど、本当にいけないことをしたときのために「だめ」は取っておきましょう。

understanding your child's personality

子どもの性格を理解する

子どもの個性を認識し、受け入れ、祝福することで世界はあなたをひとりの人として歓迎している、という事実を示すことができます。

あなたは子どもの頃、学校に喜んで行くような子どもでしたか、それとも内気な子どもでしたか。クラスで一番の人気者でしたか、それともひとりでいることが多い子どもでしたか。子どものころからチームで競うスポーツが楽しい性格でしたか、それとも読書好きでしたか。

親として認めるのが最も難しい事実のひとつが、子どもは親とは違うひとりの人間だということかもしれません。自分と子どもの個性に、はっきりとした違いがあることに驚くかもしれません。子どものふるまいが、あなた自身が変えたいと思っている自分の性格を思い出させることもあるでしょう。親子は、興味も性格も能力も世界観も、他者との関わり方も違います。子どもはこの基本的な事実を発見することで好ましい効果を得ますし、これは親にとっても同様です。

「親として認めたくない
事実のひとつは、
子どもは
自分自身ではない
ということでしょう」

性格と個性

赤ちゃんには、生まれつきの気質があります。慣れない人に抱かれると哀れな泣き声を上げる気難しい子も、寝てばかりの子も、誰に対しても笑顔と愛敬をふりまく子もいます。

赤ちゃんですら、画一的な態度での育児は通用しません。幼児になると、内気で慎重、受け身で、ひとつのことに夢中になり、新しい体験をしたがらない子もいるでしょう。穏やかな落ち着いた性格でどんな状況にも対応しやすい子も、元気いっぱいで向こう見ずな子もいます。いつも「子どもを観察し、寄り添う」(48～49ページ参照)ことが、理解の助けになるはずです。

一緒に楽しもう
開放的な性格の子どもは社交好きで寛大です。そうした外向的な子どもは、年下のきょうだいや友達にとって最高の遊び仲間になります。

内気な子ども

今の世の中で内向的な人は苦労しがちですが、子ども時代にはその傾向がより強く見られます。パーティーで母親がなんとか娘をゲームに参加させようと背中を押したり、公園で父親が内気な息子を遊具の上に押し上げようとしたりする姿をよく見かけます。親が「メリーゴーラウンドの馬に乗るのはいやなんだね、ジャック。大きくなったら乗りたくなるかもね」などと子どもの感情を認めて尊重してあげれば、ありのままでよいというメッセージを子どもに送ることができます。

子どもにとって負担の大きい状況が予測できるときは、穏やかな会話を通して準備をしましょう。たとえば、「おじいちゃんの70歳のお誕生会では、いとこやおじさんやおばさん、それにあなたの知らない人も集まるよ。ハッピーバースデーの歌を歌うとき、あなたはどこにいたいかな」などと前もって話しておくのです。

子どもが予想を裏切る反応で親を驚かせることもあります。典型的な例として、見知らぬ人や新しい状況を苦手としていた子が、モンテッソーリ幼稚園に入ると、翌日からは幼稚園に行くのが待ち遠しくてたまらないという様子を示すことは珍しくありません。

問題行動

問題行動という言葉で私たちが意味するのは、どんな行動でしょう。親を怒らせるような行動でしょうか。とりわけ深刻な事態でしょうか。何もかも試してみても効

個性はどのように発達するか

生まれつきの気質がどのような性格に発達するかは、子ども時代のさまざまな要因によって左右されます。

- 子どもは、温かく愛情に満ちた人間関係を必要としています。
- 子どもは、自己抑制ができ、自分の行為に自信が持てるようになるために、成長を導く明確なガイドラインを必要としています。
- 子どもには、探求をしたり、自分の情熱や興味を追求したりする機会が豊富にある環境を与えるべきです。
- 子どもが人生で初めて出会う教師たちは、子どもの長所や興味に合わせて教育上のはたらきかけを工夫し、苦手意識を克服できるようにしてあげなくてはなりません。
- 子どもは個人として認められ、尊重されると同時に、集団の一員となるよう促されなくてはなりません。
- 子どもは、ありのままでよいのだと常に安心させてもらう必要があります。

明るい性格
明るい気質を持って生まれた子は、周囲にいつも温かい視線を注がれて、注目されるのを楽しみます。

果を上げることがなく、お手上げという状態でしょうか。最初に考えるべきは、それが子どもの年齢的に正常な行動かどうかということです。幼児は長時間注意力を保つことができませんし、社会的にも未熟で、自分自身の安全をおびやかすような行動や冒険もしがちです。子どものふるまいを抑止することは、ときに親が自分の期待値を抑止することを意味します。高級レストランには子連れでは行かない、かんしゃくを起こしがちな状況に注意する（121ページ参照）、荒れ狂う子どもにはガス抜きの機会を与える、神経質な子どもには喧騒を避けて静かな場所を見つけてあげるなどの対策が有効です。

状況からして、子どもなら当然のふるまいといえることもあります。たとえば、赤ちゃんが生まれると家庭内で年上の子どもへの注意は不足しがちになります。そんなときにお兄ちゃんが反抗的になっていたら、おばあちゃんは「かわいい妹ね。でも、今度はもうお話ができるお兄ちゃんに本を読んであげたいわ」と言ってあげましょう。

親戚がお祝い事や家族の集まりで家に来るときなどは、刺激を受けて興奮した子どもたちの集団に、ふだんでは考えられないような行動が見られることもありますが、こうしたときは大目に見てあげましょう。

とはいえ、ありとあらゆる状況に軽率に首を突っ込むタイプの子どももいて、コントロール不可能なときもあります。こうした子どもは、基本ルールを常に思い出させてあげる必要があります。自分自身や周囲の人や生き物がけがをしたり危険に陥ったりしないようにする、自分の物でも他の人の物でもわざと壊さないことなどです。天気にかかわらず子どもは外遊びをする必要がありますし、室内でも興味深い遊びがたくさんできるようにしてあげましょう。

観察し、待つこと
子どもが内気になるのは、多くの場合、新しい状況への自然な反応にすぎません。弟や妹が生まれるとき、子どもの自信が揺らぐこともあります。

いわゆる問題児は否定的な反応を招きがちですから、よい発言や行動を見つけてほめてあげます。子どもは成長とともに変化していき、小さいときには問題に思えた個性が、年齢とともに肯定的な性格に発達することもあります。子どもは生まれたときからひとりの人間として私たちを楽しませてくれているという事実を、ときに親は忘れがちです。

teaching lessons in grace and courtesy

優しく丁寧な叱り方

**マナーを教えるゲームをすれば
友達に対して正しいふるまいが
できるようになります。**

子どもに許される行動を細かく丁寧に教えることの価値は、見すごされがちです。モンテッソーリ幼稚園では、通常の幼稚園でも行われている内容とともに、「親切と礼儀のレッスン」(敬意と思いやりの基本を学ぶエクササイズ)をカリキュラムに取り入れています。握手の仕方、友達に会ったときと別れるときのあいさつを教えます。何かをしている人に話しかけるときや、礼儀正しく断るときの言い方の手本を示します。室内で話したり上手に遊んだりするやり方の他、心を込めて謝り、けんかを平和に解決する方法も教えます。

シンプルなレッスン

最初のステップはシンプルな言い方で状況を説明し、問題に適切に対処する手本を見せることです。それから、その後どうなるかを、親子でロールプレイをしてみましょう。短く切り上げれば、そして間違いについてはずかしい思いをさせたり脅したりしない限り、子どもも楽しんでくれるでしょう。

たとえば、子どもが家の中で大声を出す癖があるなら、他の人に迷惑をかけないために静かにしなくてはいけないと説明します。第一に、実際に大声を出しているタイミングで、怒るのではなく、丁寧かつ毅然とした態度で、静かな声で話してくださいと言いましょう。それから、親子のいずれも落ち着いているタイミングを選んで、室内での正しい話し方を教えます。必要なことをシンプルな言葉で伝えるようにしましょう。たとえば次のように説明できます。「おうちで話すときの声について考えてみよう。外にいるときは、広いから大声で叫ばないと聞こえないこともあるね。それに、外では誰かが大声を出しても耳が痛くなったりしないね。でも、おうちにいるときは、大声を出すと耳が痛くなるし、近所の人も迷惑でしょう。だから、おうちではおうち用の声で話すようにしようね」。

それから、あなたが言いたいことを実際の例で説明します。大きな声で話してから、「今のはおうち用の声だった、それとも外で話すときの声かな」と聞いてみま

電話のマナー
ミアは礼儀正しく電話に出て、注意深く相手の話を聞き、それから自分の近況を伝えることができます。

す。ふつうの声で話し、「今のはどう？　おうち用の声、それとも外で話すときの声かな。おうちでは、おうち用の声で話して、外では、外用の声で話そうね」。

「ください」や「ありがとう」をきちんと言うこと、ドアを静かに閉めることなど、子どもに教えたいことはすべて、このようなやり方で説明できます。家族で「今週のマナー」を決めるのもよいでしょう。毎週、日常生活での礼儀に関する新しいルールを導入し、食事時などに家族の間で練習するのです。

礼儀のレッスン

子どもに教えたい親切と礼儀の例を挙げておきましょう。

- お願いするときは「ください」と言い、きちんと「ありがとう」を言うこと。
- 話すときはわめいたり叫んだりせず、素直な声を出すこと。
- 順番に入れてほしい、または一緒に遊びたいときの頼み方。
- 自己紹介。
- ドアの開け閉め。
- せきやくしゃみの仕方。
- 人をほめたり励ましたりすること。
- 場所や順番を譲ること。
- 人にぶつかったら「ごめんなさい」と言うこと。
- 呼ばれたり名前を言われたりしたら礼儀正しく答えること。
- 友達が床でお仕事をしたり遊んだりしているところを通るときは、よけて歩き、踏まないこと。
- 必要なときは静かに待つこと。
- 人の話をさえぎらないこと。
- 電話に礼儀正しく応対すること。

手本

子どもにマナーを教えるためには、親や年上のきょうだい、友達がいつもマナーを守っている様子を見せなくてはなりません。親が口で言うことに比べて、実際にすることの方が子どもに対して非常に大きな影響力を持ちます。特に低年齢のうちは、目にする親の行動をすべて吸収し、やがてその言動をまねるようになります。親はまさに子どもの手本なのです。

子どもが周囲の人たちに深く影響されることを心にとめておき、一緒に時間をすごす子どもや大人は慎重に選びましょう。興奮した子どもが大勢集まったり、お行儀悪くふるまっていたりするような騒々しく混乱した状況は避けるようにします。

子どもの遊び友達はよく考えて選ぶべきです。家の中で子どもに大騒ぎをさせるような家ですごしたら、家に帰って来たときに同じことをしたがるのは当然です。子どもの友達の親が、どのような態度で子どもに接するかにも注意しましょう。子どもが騒いでいるときに無視したり、電話で話したりしますか。他の家庭のやり方に判断を下すべきではありませんが、わが子のために適切な判断をするのは親の務めです。

実践の手引き 親切、礼儀、マナーを学ぶ

子どもは手本を見て学びますが、ロールプレイを使ってお行儀を学ぶこともできます。間違いを指摘するためではなく、子どもが落ち着いているときに練習として下記のようなことをやってみましょう。

お客様にあいさつをする
家に来たお客様をお迎えするやり方を教えます。

優しさと共感
動揺している友達に思いやりを示すように促します。

テーブルマナー
子どももテーブルにいすを出し入れし、正しく座ることができるようになります。

体の統制とコントロール
先を見ながら線の上を注意深く歩く練習をしましょう。子どもにバランスと統制のとれた動きを教えることができます。

注意深く運ぶ
何かを子どもに持ってきてもらいましょう。両手を使って運び、丁寧に置きます。

お別れの挨拶をする
会ったときと別れるときに心のこもったあいさつをすることで、友情のための技術を磨きます。

solving problems at the peace table

ピーステーブルで問題解決

**子どもたちの問題の解決に手助けが必要なときは
ピーステーブルに招くことで
意見の違いを取りなす言葉が見つかるかもしれません。**

おもちゃで遊ぶ順番をめぐって、または友情に関することなどもっと大きな問題で、きょうだいや友達とけんかになることがあります。怒りのあまり、相手と理性的な話ができなくなることも珍しくありません。こうしたときに役立つのがピーステーブルです。言い争いを中止する一連の儀式に従うことで、子どもが冷静になれます。

ピーステーブルは、通常子どもサイズのテーブル1台といす2脚、それに平和を象徴する花や置物で構成されます。ばら、オリーブの枝、ハトなどが使われます。スペースが不足しているなら、いす2脚だけを置くか、部屋のすみにラグを敷くか、階段の特定の場所を使ってもよいでしょう。儀式に慣れて、言われなくても自分からピーステーブルに向かうようになる子どももいます。そうでなければ、親や年上のきょうだいがけんかを目撃したら、ピーステーブルで解決するように促します。テーブルに着いたら、特定の儀式をします。不当な扱いをされたと感じている子どもが、テーブルの上に片手を置いて、もう一方の手を自分の胸に置き、心からの真実を述べることを誓います。それから相手の子どもを見て、名前を呼び、起きたことについてどう感じているか、どのように争いを解決したいかを説明します。

次は、もうひとりの子どもの番で、議論に結論が出るまで対話を続けます。もしも子どもたち自身で解決できない場合は、年上のきょうだいや親などの仲介役が登場してもよいでしょう。問題が込み入っているときは、家族会議を開いて家族全員が両者の話を聞くことが必要かもしれません。

子どもがピーステーブルで学ぶのは、家族の中での立場の大きさや年齢にかかわらず、自分も意見に耳を傾けてもらえて、公正に扱われるということです。言い争いは誠実さと善意に基づいて解決し、調和と協力の空気を家庭内で保たなくてはならないという事実を、子どもはこの儀式から経験的に学ぶことになります。

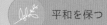

平和と調和
ピーステーブルは、調和と協力を重んじて平和を保つ方法を、教えることに役立ちます。

段々できるように　仲直り

ピーステーブルは「おしおきの階段」（訳注：いたずらをした子どもを階段に座らせる罰）の正反対に位置します。子どもが興奮を鎮め、落ち着きを取り戻し、意見の違いを積極的に認めて解決するのに役立ちます。

1
おもちゃをめぐって争いになり、ジェマとトムはきょうだいげんかを始め、理性的に話すことができなくなりました。

2
言い争いを解決するために、ジェマとトムはけんかを中止し、ピーステーブルに座ります。

3
トムは片手をピーステーブルの上に、もう一方の手を心臓の上に置いて、ジェマのどんな行動が気に入らないのかを静かに説明します。

4
今度はジェマが同じようにします。片手をテーブルに、もう一方の手を心臓の上に置いて、トムが言ったことに答えます。

5
ジェマとトムがふたりとも意見の違いを解決できたと感じたら、一緒にベルを鳴らして、家族に仲直りしたことを知らせます。

taking control of the television

テレビの見方

テレビは多くの家庭で言い争いの原因になります。テレビの見方について家族の基本ルールを決めてそれを守りましょう。

子どもの価値観や世界に関する知識は、伝統的には家庭、学校、宗教組織、それに仲間集団の4つから文化的な影響を受けて形成されるものでした。今日では、テレビが5番目の非常に強力な影響源となっていて、ほとんどの親はその実態をつかめず、コントロール不可能な状況になっています。テレビが多くの家庭でベビーシッター代わりになっていることも含め、とても不幸な状況です。

消極的な親たち

子どもに野放図にテレビを見せることには、いくつかの問題があります。テレビに登場する暴力は大きな懸念のもとです。子どもは無数の殺人やけんか、車の衝突事故、爆撃といった暴力を目にすることになるかもしれません。多くのプロデューサーの価値観や問題解決法は、親たちのそれとは異なっています。

さらに大きな懸念となるのが、テレビに催眠的な影響があることです。土曜日の朝に、子どもがテレビを何時間でも夢中で見続ける様子を目撃したことのある親は少なくないでしょう。長い間座ってテレビを見続けると、実際にトランス状態になります。テレビを見ることは、控えめに言っても消極的な体験です。そこには思考も想像も、いかなる努力も要求されません。良質な子ども向け番組も存在しますが、ほとんどの番組はそうではありません。

ルールを決める

テレビは計画的に、短時間だけ、注意して見せるべきです。実際、子どもの娯楽のためには、テレビは必要

「テレビを見るのは短時間に限るべきです。1日に見る時間を決めましょう」

ではありません。親の判断に基づいて、家族の基本ルールを決めましょう。子どもが見てもかまわない番組を選び、テレビの前ですごしてもよい時間を決めます。「次の番組の中から選んでいいけれど、1日に見ていいのは3つまで。今日はどれにする?」などと、子どもにできる限り選択権を与えます。

商業放送のテレビ番組は、ケースバイケースで見てもよいかどうかを決めるべきだと考える親もいます。教育的要素のある番組を選び、見る時間には制限を設けます。本当に価値のある番組でも、混乱を招いたり、よくない要素が含まれていたりする場合もあります。こうした場合、家族全員でその番組を見て、終わってから問題点について話し合うとよいでしょう。

一緒に楽しみましょう
子どもと一緒にテレビを見れば、同じ番組を見るという体験が共有でき、見ている間に子どもが感じた疑問に答えることもできます。

managing screen time

スクリーンタイムの管理

**デジタルデバイスやアプリは
小さな幼児でも指で触って操作できるくらいに
機能が発達しています。**

スマートな使い方

子どもの実生活での活動や興味の助けになるようなアプリを選べば、デジタル世界への最初の一歩を、意義ある適切な体験にすることができます。

• スマートフォンに家族や旅行の写真を少しだけ入れておいて、子どもにアイコンを見せて、自分で写真をめくって見るようにしましょう。散歩のときに自分でスマートフォンで写真を撮らせましょう。

• 友人や親せきとのビデオ電話を、子どもも一緒に楽しみましょう。

• 動画をリサーチして、好きなお話の続きや、子どもが興味を持った世界のさまざまな事実についての情報を見つけましょう。たとえば、「シロクマの赤ちゃんが氷の上で遊んでいる動画があるよ」。

• 魅力的な絵柄のシンプルなゲームやパズルで遊べるアプリをインストールします。

• 好きな歌を見つけて聞く方法を教えましょう。

• おもしろい話を一緒に考えて録音し、長いドライブの最中に聞きましょう。

赤ちゃんが画面をスワイプしていたり、小学生が自分のデジタルデバイスに夢中になっていたりする姿が日常的に見られるようになりました。人間どうしが顔を見ながら会話をしたり、長時間ひとつの物事に集中したりする古きよき習慣が、人類から失われつつあるのではないかと思わずにはいられません。赤ちゃんや未就学児は、まずは成長の糧となる実体験を重ねるべきだと強く信じる人たちは、この事態を懸念しています。子どもの興味を引くような実体験のアクティビティーができれば、デジタルデバイスは不要なはずです。

手本を示そう

子どもが最初に手本にするのは親で、まだ赤ちゃんのときから盲目的に親をまねるようになります。赤ちゃんが自分のおもちゃを放り出して、お母さんが片時も手放さないかっこいいスマートフォンに手を伸ばすのも、当然かもしれません。親は、自分が家でどのようにデジタル機器を使っているかに、常に注意を払いましょう。スマートフォンやタブレットは食卓にも登場していますか。メールが来るたびに気を取られてませんか。アメリカの学校での調査によれば、デバイス中毒になっている子どもは、以前の世代なら簡単に読みこなせた文章を理解できないことが明らかになりました。注意力が散漫になるような手本を親が示さないよう、気をつけなくてはなりません。

きちんと計画すれば、意義あるアクティビティーを子どもに提供するという原則を、デバイスに関しても応用できます。4～5歳になったら、頑丈なスマートフォンかタブレットを与えて、丁寧に段階を踏んで使い方を教えてもよいでしょう。デバイスを、受け身の娯楽ではなく、発見の道具にするような使い方をさせます。毎日厳格に決めた時間の中で、自分でデバイスを見て使う自由を与えます。

YOUR CHILD'S **BRAIN**

子どもの脳で起きていること

敏感期の経験が脳の回路を変えることが、科学的に証明されています。人間の健康と成長、行動に関して、世界でもまれに見る長期研究が、ニュージーランドのダニーディンで行われ、1970年代初期に生まれた子ども1,000人を追跡調査しました。最初の8年間、集中力を試す定期テストを実施しました。32歳になったときに同じ被験者を調べた結果、幼児の頃に集中力が優れていたかどうかが、将来の成功を左右する最も強い要素であることが分かりました。

インターネットに用心
子どもが見るインターネットは親が見て管理します。よく調査された内容や画像のサイトをお気に入りに入れておきましょう。

5

広い世界を探求する

exploring the wider world

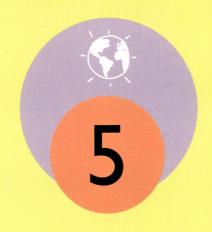

children are little scientists

子どもは小さな科学者

**子どもたちは発見したいという強い気持を内に秘めています。
子どもが世界を観察し
驚異の感覚を体験できるように促しましょう。**

マリア・モンテッソーリは、世界を熱心に観察し、「もしも…」と実験して発見を求めるすべての子どもは「小さな科学者」のようだと信じていました。乳幼児は常に周りの環境で実験を行い、どんなときにどんなことが起きるのかを調べます。たとえば、ベビーチェアからおもちゃを落としたり、お風呂の中で水遊びをしたりします。発見への衝動は成長とともに発達し続け、庭で泥のおだんごを作ることから、ミミズを飼うことまで、やってみたいことはどんどん冒険的になります。子どもは驚異的な想像力と、世界を探求したいという強烈な欲求を持って生まれてきます。それを伸ばすように促し、周りのすべての物事に美しさとすばらしさを見出す手助けをしましょう。

子どもの視点

子どもの世界は地面に近いところにあるという事実を忘れないようにしましょう。視点を低くしてみると、子どもの頃に感じていた新鮮な驚きを再発見できるでしょう。子どもの世界はゆっくりしたペースで進行することも忘れずに。子どものペースに従い、テントウムシや花など、何でも興味を引く物に足を止めて観察するのを見守りましょう。子どもがどんなにゆっくりしていても辛抱強く待ちましょう。親は時間を惜しまずに子どものペースに合わせるべきです。

子どもが学習する最良の方法は、説明を聞くことではなく、実際に自分で何かをすることです。子どもが小さいうちは特にそうですが、年長の子どもにも、大人になってからもあてはまります。幼児は何かを学ぶと同時に、学ぶ方法も学んでいきます。小川のほとりや、腐

「子どもの視点に合わせて
地面に近い
低いところから
世界を見てみましょう」

違った視点
子どもはすべてを新鮮な視点で見ています。自然界について自分で探求するための時間と空間を与えましょう。

った丸太の下に広がる世界について、文章や絵で説明しているどんな本も、実物をじっくり観察することの価値にはかないません。本やその他の資料は、子どもが実際に受けた力強い印象や体験を心の中でまとめるために役立ちますが、基盤はあくまでも直接的な観察と実体験にあります。

外の世界

子どもは野外に出かけて歩き回り、木登りやベリー摘みをしたり、トチの実を集めたりすることが大好きです。家の庭の手入れや、アヒルやウサギ、ニワトリなどの小動物の世話も楽しみます。家族でハイキングに出かけて小川で遊んだり、海辺の岩にいる生き物を見つ

自然の驚異
秋に地面に落ちたトチの実を拾えば、自然の恵みを感じたり、木の一年間のサイクルを洞察したりすることができます。

けたり、貝や流木や小石を拾いながら海辺を散歩したりすれば、その記憶は一生胸に残るでしょう。

子どものアウトドアライフは、ベビーカーやおんぶで外に連れ出すことから始められます。時間をかけて、外の世界を子どもに見せましょう。生まれたばかりの赤ちゃんでも、外で見る物や聞こえる音を吸収します。頭上を過ぎゆく雲、庭に咲く花の姿や香り、木々の葉を揺らす風の音などは、すべて赤ちゃんの心に強い印象を残します。春夏秋冬、いずれの季節にもそれぞれの美しさがあります。その細部に注目しましょう。雪を割って咲く小さな花、美しい貝殻、色鮮やかな木の実やきれいな落ち葉などです。

子どもの年齢が上がったら、「おばあちゃんのおうちに着いたよ。ほら！ ドアの前にかわいいお花が咲いているね」「メアリー、木の上に小鳥が作った巣が見える？ そのうち卵を産んで、ひなを育てるのよ！」などと、歩きながら見える物に注意を向けるようにします。冬に積もったばかりの雪の上に動物の足跡が見つかったら、誰の足跡なのか質問します。

YOUR CHILD'S
BRAIN
子どもの脳で起きていること

アメリカの研究チームは、子どもの頃にハイキングやキャンプに行って定期的にアウトドアですごすと、自然にあまり触れずに育った場合に比べて、環境意識の高い大人になることを明らかにしました。

地球の管理人

モンテッソーリの鍵となるもうひとつの考えは、子どもは地球の世話人であり、都会に近い田園地帯や緑地だけでなく、熱帯雨林や氷山などの遠い場所の自然についても重要性を学び、未来のために環境保護に努めさせなくてはならないということでした。子どもに命の大切さを教えましょう。私たちはみんな生命のネットワークの一部であり、人類の存在は自然界の微妙なバランスの上に成り立っています。たとえば、子どもは土を「汚ないもの」と教えられることが少なくありませんが、良質の豊かな土壌とすべての生命――その土壌によって支えられているすべての生命を尊重するように教えましょう。

生きとし生けるものはすべて、大切に扱わなくてはならないことを強調します。乱暴に木の葉や花を摘んで捨てるのはやめさせ、正しい目的のためだけに摘むように言いましょう。時折、野の花を摘んでドライフラワーや押し花にしたり、長く楽しむために水を入れた花びんに飾ったりするのはかまいませんが、植物や花は摘みすぎないようにします。地面の上は注意深く歩いて、必要な物だけを頂くように子どもに教えましょう。

子どもには森や草地を歩くのを楽しませますが、足跡は残さないように気をつけます。ごみは必ず持ち帰るように教えましょう。ごみが落ちていたら、拾ってごみ箱のある場所まで持って行きます。空きびんや割れたガラス、空き缶、ビニール袋などは特に、景観を損ねるだけではなく動物に害を与える恐れがあります。空き缶や割れたガラスを安全に拾うために、古いカンバス地のショルダーバッグを持ち歩いてもよいでしょう。子どもがある程度大きくなったら、自分でごみを集めるための袋も与えましょう。

working in family garden

庭仕事

**庭仕事の手伝いは
子どもの実際的な技術を鍛え、
好奇心を育むための理想的な手段です。**

家の庭を設計するときは、子どもが自由に実験して植物が育てられる場所を確保しましょう。子どもが小さいうちから四季のサイクルを学べるようにします。春の早い時期に室内やコンテナに種をまいて霜の危険がなくなったころに庭に植えたり、草むしりをして果物や野菜が収穫できるまで世話をしたり。小さな子どもにとって、庭に出て自分が世話をしたレタスやネギ、トマトを収穫するのは大きな喜びです。自分で育てて収穫し、洗ったものなら、子どもに野菜を食べさせるのに苦労することはほとんどありません。

庭には香りのよいハーブも植えましょう。生のバジルやフェンネル、セージの香りは、子ども時代のよい思い出になります。摘んですぐ手軽に食べられて、色や香りや風味を料理に添えられるのもハーブのよいところです。

「子どもが育てたものなら
その野菜を食べさせるのに
苦労することは
ほとんどありません」

子どもサイズの道具

子どもサイズの庭仕事の道具やじょうろ、手押し車は市販されています。ガレージや庭の小屋の棚にこうした道具を入れておき、その日のお仕事が終わったらきれいに手入れして元の場所に片づけておくように言います。子どもサイズの軍手や庭仕事用のグリーンのエプロンを与え、きちんと作業をすることの大切さを教えます。子どもサイズのバスケットも用意し、収穫した花や、熟れた果物、野菜を入れさせましょう。

スペースが限られている場合

家に庭がない場合は、窓辺のプランターやコンテナを使いましょう。適切な土を用意し、水やりと日当たりに注意すれば、小さなスペースでも驚くほどの収穫を上げることができます。育てやすいのは、いちご、トマト、ピーマン、いんげん、ハーブなど。コンテナを使ったガーデニングには、子どもが世話をしやすい高さに置けるという利点もあります。

花の力

庭には花を育てるスペースを確保しましょう。住んでいる地域の野生の花と、伝統的に栽培されている一年生や多年生の花の双方を植えて、花壇や食卓を美しく彩るようにします。花の摘み方と家の中で小さな花びんに活けるやり方を、子どもに教えましょう。小さな子どもは、大きなフラワーアレンジメントを作るよりも、特別な花を1本選んで一輪ざしに活ける方を好むことが少なくありません。ペリエやオランジーナなどのきれいな形の空きびんを使うのもよいでしょう。

子どものフラワーアレンジメントの道具一式は、子どもの手が届く低い棚に入れておきます。小さな容器を複数用意するのに加えて、花の茎を切るための小さな園芸用のはさみ、水を足すのに使う小さなジャグ、小さな花びんに水を注ぐためのじょうご、こぼれた水をふくスポンジも必要です。花びんの下に敷く小さなドリーもあるとよいでしょう。

フラワーアレンジメントは、子どもが家の中に自然を取り込むのに理想的な方法です。部屋を美しく飾ることができますし、さまざまな植物や花を知る機会にもなります。

ガーデナーの卵
球根を植えるのは、小さな子どもにとってとてもやりがいのあるお仕事です。水やりが必要かどうかを確かめる方法を教えましょう。

秋の片付け
寒い日には、子どもは落ち葉を熊手で集めるなど、活動的なお仕事を楽しみます。

庭の語彙

子どもには花や果物、野菜の旬に合わせて、それぞれの種類の正しい名前を教えましょう。いつの間にか、庭のすべての植物の名前が言えるようになるはずです。それぞれを説明する形容詞などの言葉も教えることができます。赤い、大きい、小さい、長い、ざらざらした、すべすべした、など。料理をはじめ役に立つ植物もたくさんあります。たとえばアロエは切り傷ややけどに塗るとよく効きます。

美しい植物や花の芸術的なクローズアップ写真や、名画の複製を飾りましょう。花や動物、自然界をテーマとした魅力的な本が数多く出版されていますから、本棚にそろえます。子どもが実際に庭で見た花や葉が、本のページに描かれているのを見つけるのは楽しいものです。

自然を素材に工作を楽しむ

花や葉、種、草を使ったさまざまな工作もぜひ楽しみましょう。子どもは自然の素材でアートを作るのが大好きです。小さな押し花キットを使って葉や花を保存し、スクラップブックにきれいに貼らせてあげましょう。草を編んで小さなバスケットを作ることもできます。どんぐりや松ぼっくりは、テーブルの飾りなどいろいろな工作の材料になります。きれいな樹皮の木の枝は、紙を載せてこすって模様を出したり、コラージュを楽しんだりできます。

動物の大切さ

子どもに生き物の大切さを教えるために、家族の一員として動物を迎えることは最適の方法です。家族のペットは思いやりや責任感を育むことに役立ちます。

小さな子どももペットの食器を洗い、えさをやることができますし、年長の子どもなら、犬小屋やケージの掃除、犬の散歩ができます。家庭の環境が許すなら、伝統的なペットである犬や猫に加えて、ウサギやニワトリなど農場で飼われる小動物を迎えるのもおすすめです。

動物は地上に生まれた私たちの仲間です。人間には自然を支配する権利があると信じられていた時代もありましたが、今では多くの人が、人間も自然界の動植物と支え合って生きていることを理解しています。動物は優しく扱い、残酷さから守らなくてはなりません。そうした態度は、まずは家庭内で育まれます。

taking walk in forest

森を散歩する

**田舎や大きな公園を散歩して
自然を探求することを、
家族みんなで定期的に楽しみましょう。**

目的を決めると、外歩きはより楽しくなります。子どもにいろいろな種類の花や葉、石、草など、特定の物の標本を集めさせましょう。標本入れの小さな紙袋を自分で持ち歩かせます。標本は興味深い物や、それについてもっと調べたいと思われる物の見本であると説明します。それぞれの子どもが集めてもよい標本の数(最高で3つから5つ)を決めておくのもよいでしょう。

外歩きをするときは、子どもが今体験していることについて話しましょう。天気や季節について、何か気がつくことはあるでしょうか。空はどのように見えますか。太陽は照っていますか。雲は見えますか。子どもが自分では気づかないこと、たとえば木の葉の色など季節ごとの変化を指摘しましょう。静かに歩いて、目で観察するだけではなく自然の音に耳を澄ますように言いましょう。

天気が悪くても出かけましょう。雨や風が顔に当たる感覚を味わうのは悪いことではありません。子どもは年齢と同じ数のマイル(約1.6キロ)を歩けるというのが目安です。おやつのための休憩やピクニックをすれば、エネルギーを補給できるだけでなく、周りの世界を観察して楽しむ機会にもなります。

自然を取っておく方法

家に帰ったら、標本入れの袋の中身をビニールの袋に入れて、それぞれの標本が何かを子どもにたずねましょう。それは生物でしょうか、それとも無生物でしょうか。どこで見つけたのでしょうか。それについて何を知っていますか。別のときには、天気や野鳥、森の音などを外歩きのテーマにしましょう。写真を撮り、子どもが見聞きしたことをノートに書き出します。人間が自然から標本を集め続けたら、いずれ他の人が楽しむものがなくなってしまうことも説明しましょう。

道を外れて歩いてみよう
歩道を離れて歩くことで、子どもたちは丸太によじ登ったり、小川の浅瀬を歩いたり、足元でかさかさと音を立てる枯葉や、湿って柔らかい土の感触を楽しめます。

実践の手引き　アウトドアのアクティビティー

どんな天気のときも外歩きを楽しみましょう。近所の公園や自然の中を歩けば、子どもは四季があることと、季節によって生じるさまざまな変化を理解できるようになります。

木の葉のレッスン

木の葉は季節について教えてくれる情報源です。色だけではなく、形と質感についても子どもに説明させましょう。

生き物の観察

小さな科学者である子どもにとって、ミミズが葉の上をはう様子を見るのはとても興味深く、楽しい体験です。

野鳥の観察

双眼鏡で野鳥を観察する見方を教えましょう。小型図鑑を持って行き、野鳥の種類を一緒に調べます。

大きな視点で話す

子どものペースで歩き、いつでも子どもが見たり感じたりしたことを十分に吸収できるようにしましょう。木の根元に座って見上げると、全く違った見方ができます。

観察の方法
外歩きのときは、子どもが興味を引かれる物があれば、立ち止まってじっくりと観察しましょう。発見について、あまり情報を与えすぎないように注意します。目に見えることをそのまま説明するように言いましょう。

外に出かけるときの注意点

心地よく歩ける環状のルートを計画し、次のようなことが楽しめるように、時間には余裕を持ちましょう。

•リスの動きを追う　•木を観察する　•落ち葉の中で転がる　•湖のほとりに座ってガチョウの群れを眺める　•野生のイチゴを見つける　•珍しい石を拾う　•野生の花を探す（摘まないで、観察し、調べて、記憶するようにする）　•木の幹に頭をもたせかけて横になり、木の枝を見上げる　•風の音を聞く　•巣の中の野鳥を見る　•チョウの動きを追う　•太陽が投げかける影を研究する　•家の周りにある木の名前を覚える　•葉の形を研究する　•デッサン用の木炭と紙を使い、樹皮の模様を写し取る　•種を集める　•小さな木の赤ちゃんを見つける　•松ぼっくりを探す　•動物の足跡を見つける　•腐りかけの木を見つけて、そこに暮らしている生き物を研究する　•じっと座って目を閉じる　•野鳥の声を聞く　•シダの赤ちゃんを探す　•風のにおいをかぐ　•妖精が住んでいそうな谷間を探す　•草地でピクニックをする　•飛行機のように両手を広げて丘を駆けて下る　•袋を持ち歩き、ごみを拾う　•きのこを探す。ただし、触ったり食べたりしないこと。

making your own nature museum

自分の自然博物館を作る

**子どもが標本を持ち帰ったら
観察と研究ができる自然博物館コーナーを
家の中に作りましょう。**

自然の標本を家に持ち帰るのが好きな子どものために、専用の置き場所を作ってあげましょう。子ども部屋の広さに応じて、自然博物館コーナーを設けるのです。発見した物や写真を飾っておくためのシンプルなテーブルから、ミミズ、カブトムシなどの昆虫、カエルなどの小さな生き物を短期間入れておくための水槽やテラリウムまで、さまざまな工夫ができるでしょう。

たとえばわが家では、「デュー・ドロップ・イン」と名づけた自然博物館コーナーを設けていました。春から初夏にかけては、野花や木の赤ちゃんを小さな花びんに活けます。毛虫を持ち帰ってふたのあるテラリウムに入れて、さなぎになり、やがてはガやチョウになる様子を観察することもできます。カエルの卵を集めたら、オタマジャクシになる様子を見て、それから家の近くの池に放しました。孵卵器の中でヒヨコをかえしたこともあります。それから言うまでもなく、毎年の子猫や子犬の誕生は一番のハイライトでした。

わが家の子どもたちはまた、花を研究し、いろいろな種類を比べたり、花びらやおしべの数を数えたりしました。秋になると、果物やナッツ、ベリーを摘んで、どのように実っているかや、どんな生き物が食料にしているかも調べました。標本は自然博物館コーナーに持ち帰って種類を調べ、ラベルをつけて展示します。花と葉を集めて押し花にして、厚紙や小さなスクラップブックに貼ります。小さな棚には、子どもが発見した物を展示しました。親鳥に放棄された巣や卵、ヘビの皮、木の枝、樹皮のかけら、チョウやガのさなぎ、昆虫の標本、それに動物の骨などのコレクションを並べます。

「年長の子どもなら
大きく広がる風景や
一輪の花を写真に撮ったり
写生したりするのを
楽しみます」

きちんとふたをしたテラリウムや水槽は、わが家に短期滞在するアリやカメレオン、イモリ、湖の魚やカメのすみかになりました。プランターの一面をガラスにした「ルートボックス（根の箱）」も、子どもたちに大人気でした。

自然観察入門

初心者の子どもには、まず基本的な道具をそろえましょう。虫めがねやレンズ、シンプルな顕微鏡、虫を入れる箱やガラスびん、図鑑、ラベルを作るためのカード、スクラップブックが必要です。子どもの興味が広がるのに合わせて、アリに巣を作らせるための箱やルートボックス、テラリウム、水槽、孵卵器なども用意します。外には鳥のえさ台や巣箱を取りつけましょう。季節にさなぎがチョウになる様子を観察できるキットも売られています。

年齢が上がるにつれて、家や外で発見したことを記録する観察日記をつけたくなるかもしれません。周囲の世界で見つけた驚異や美についての詩やお話を書かせましょう。年長の子どもなら、大きく広がる風景や、家に持ち帰った花や葉、羽根、小さな松かさなどを写真に撮ったり写生したりして楽しめます。

観察に夢中
オズウィンは単眼鏡を使ってじっくり観察しているところです。

playing nature based party games

自然界を学ぶパーティーゲーム

子どものパーティーや遊びに使えるゲームの中には自然界について学ぶことができる優れたものが多数あります。そのうちの3つを紹介しましょう。

バースデーパーティーなど、特別な機会で子どもが大勢集まるときは、楽しみながら自然界のさまざまな事実が学べるゲームで遊びましょう。

水飲み場ゲーム

このゲームは8人以上の子どもで遊びます。カーペットを濡らすリスクを避けるために、庭で遊ぶのがいいでしょう。子どもたちに、夜になると水を飲みに池にやってくるアンテロープなどの動物のふりをするように言います。1人だけは、ライオンなどの肉食動物の役になり、水のコップを大きな輪のように並べた真ん中に座り、目隠しをして、草食動物を「つかまえる」ために水のスプレーを「武器」として手に持ちます。アンテロープは1頭ずつ、水を飲むために近づき、水のコップを1つ取って自分の場所に戻ります。ライオンはその姿を見ることはできず、音だけが頼りです。アンテロープが近づいてくる音が聞こえたら、一度ジャンプして、音のする方向に水のスプレーをかけます。水をかけられた子どもは輪から外れます。すべてのアンテロープが「水を飲む」か「つかまった」かのいずれかになったら、ゲームはおしまいです。

食物連鎖ゲーム

鬼ごっこの変形で、単純な食物連鎖が学べるゲームです。4段階の食物連鎖を想定して、子どもたちに説明します。たとえば、草はバッタに食べられ、バッタはカエルに食べられ、カエルはタカに食べられて、食物連鎖が完結するといった具合です。

- 子どもを3つのグループに分けます。10人のグループだとしたら、7人はバッタ、2人はカエル、1人はタカの役をします。
- バッタ役の子どもは、バッタの胃袋を表す小さなビニール袋を1枚ずつ渡されます。腕には幅広の茶色いリボンを結びます。
- カエル役の子どもは、カエルの大きなおなかを表すもう少し大きなビニール袋を1枚ずつ渡されます。腕には幅広のオレンジ色のリボンを結びます。
- タカ役の子どもは、大きなビニール袋を渡されます。

食う食われるの関係
水飲み場ゲームでは、ライオンは静かに座って、アンテロープを狙います。

リボンで動物の種類を表す
ゲームの中の動物たちは、腕にリボンを巻き、食料を表すポップコーン入りのビニール袋を手に持ちます。

これは、さらに大きなタカの胃袋を表しています。腕には幅広の緑色のリボンを結びます。

• カーペットか芝生の上にポップコーンを撒きます。これは、バッタの食料である草を意味します。バッタ役の子どもは、かがむたびにポップコーンを1粒だけ拾って自分の袋に入れるのを繰り返すことで「えさを食べる」ようにします。カエル役の子どもはバッタを追いかけて、つかまえたバッタの「胃袋」(ビニール袋)の中のポップコーンを自分の「胃袋」に入れ、つかまったバッタは退場して座ります。タカ役の子どもはカエルを追いかけて、つかまえたカエルの「胃袋」の中身を自分の「胃袋」に入れ、つかまったカエルは退場して座ります。5分後、何匹のバッタとカエルが食物連鎖を逃れて生き残っているかを数えましょう。

生命のネットワークのゲーム

これは雨の日に最適のアクティビティーで、10人以上の子どもで遊べます。生命のネットワークを象徴するように、鳥、虫、カエル、カメ、魚、ウシなど身近な生き物のぬいぐるみか絵や写真を用意します。木と草、花、それに水を表す海の写真か絵も必要です。さらに、色違いのひもを数本用意します。

子どもたちは大きな円状に座ります。「太陽になりたい子は」と立候補させ、「太陽は真ん中に座ってください」と指示します。円の中心に座る子は太陽を表すように何か黄色い物を身につけます。残りの子には「さてオリビアは、どんな植物や動物になろうか。オオカミだね。じゃあオオカミのぬいぐるみを持って、ひざの上に抱いてね」という風に、それぞれ植物や鳥などの生き物を選んでいきます。全員が選び終わったら、順番に「太陽が必要なのは誰。鳥は太陽が必要かな。必要だね」「水が必要なのは誰。鳥には水が必要かな。必要だね。象は水が必要かな。必要だね」などと聞いてきます。

それぞれの植物や動物を必要とする物に結びつけたら、両者の間にひもを渡します。こうして、生命のネットワークができていきます。完成したら、複雑できれいな網目になっているはず。「ほら、生き物はみんなお互いを必要としているね」と締めくくりましょう。

食物連鎖の頂点
緑色のリボンを腕に巻いたタカは、通りかかったカエルを捕まえて、そのカエルの袋のポップコーンをもらいます。

making cultures come alive

異文化を体験する

世界のさまざまな文化に触れさせれば 興味や好奇心が養われるだけでなく 先入観にとらわれない子どもになります。

すべての人は、世界という大家族の一員です。生きるために必要とすることも同じですし、違いよりも共通点の方が多いのです。今日、数多くのコミュニティーが、まるでタペストリーのように、幅広い民族的・文化的背景の人たちで構成されています。親として、子どもが世界中のすべての人と平和に共存できるように促さなくてはなりません。先入観は生まれつきではなく、後から身につくものです。親としてまずやるべきことは、文化的背景にかかわらずすべての人と温かくポジティブな交流をする様子を示して、子どもが開かれた心を持ち、多様性のある社会を心地よく感じるようにすることです。そのために、さまざまな文化や民族の人たちと触れあい、好意的な意見や考えを養い、外国文化を探求し、体験する機会を持つようにしましょう。

文化学習

遠い国のことを学び、そしていつか実際に行ける日を夢見て、想像して、願うこと。それはいつの時代も、子どもと大人の双方にとって、世界を好きになり、その平和に貢献したいと願うことにつながります。教育のさまざまな目的のうち、これほど重要なものは他にありません。モンテッソーリ幼稚園では、子どもたちは文化学習を通して、異文化を受容するだけにとどまらず、異文化や外国を理解し、そのよさを認め、称えられるようになります。子どもたちが実体験を通して、外国の文化を生き生きとしたものに感じられるようにしなくてはなりません。モンテッソーリ幼稚園では、五感を使った体験学習と、世界各地で行われているさまざまな行事を取り入れています。特定のテーマやトピックを選び、さまざまな角度から学んでいきます。たとえばアフリカがテーマなら、アフリカ大陸の風土、そこに生息している動植物、アフリカに暮らす人たちの衣食住や生活様式、アフリカの物語や伝説、音楽、伝統舞踊、行事を見ていきます。

家庭でも同じような手法を取り入れましょう。子どもは他の子どもたちに興味があり、外国の子どもがどんな暮らしをしているかを知りたいものです。世界のさまざまな国の美術に触れたり、音楽を聴いたり、歌や民

多様性のすばらしさ
世界について知り、異文化を発見することを楽しみ、偏見にとらわれない。そんな家庭をめざしましょう。

族舞踊を習ったりするのを楽しみましょう。

いろいろな民族衣装を着るのも楽しいですし、そうした思い出は長く記憶に残ります。世界の食べ物を味わうことも、五感を使った体験となります。料理を手伝えば、子どもは新しい食べ物でも食べてみたいと思うものです。

異文化を学ぶ

始めは小規模に、シンプルに。最初の1年は、テーマを1つの国に絞りましょう。その国のきれいな写真集や、映画を見るところから始めてもよいでしょう。写真や絵はがきを集めるといった簡単なことが、入門編としておすすめです。

下記の注意点をおぼえておきましょう。

- その国の文化について、大人であるあなたもすべてを知っているわけではないことを認めます。子どもと同じように、もっと学ぼうとしているところなのです。
- 好奇心と冒険心を子どもに伝えるよう心がけます。

ロシアの人形
マトリョーシカのような民芸品の人形は五感のアクティビティーに最適です。

その興味深い国への旅に出発しようと計画し、準備をしているつもりになりましょう。
• 異文化への尊敬と親愛の念を、常に大切にしながら話します。子どもは大人の感情を読み取るものです。
• 子どもには、その文化を正確に表す本物の素材だけを見せたり聞かせたりするように注意します。
• テーマに選んだ国の簡単なあいさつやお礼の言葉を調べて、親子で練習しましょう。

ミニ展覧会を開く

インターネットや本から、テーマに選んだ国についての情報を最大限集めましょう。親せきや友達に現地の出身者か現地に行ったことのある人がいれば、その土地の工芸品、音楽のCD、郷土衣装などを借りられないかどうか聞いてみましょう。短期間だけ貸してもらい、家の中に飾ります。

興味の対象になっている国を訪れる場合は、滞在中に土地の物を収集します。たとえば、切手や硬貨紙幣、新聞雑誌、都市・名所や日常生活の写真のポスターや絵はがき、バスや電車の切符、美術館やギャラリーの入場券など。また、陶器、バスケット、彫刻、置物、家や船の模型、伝統衣装を着た人形などの工芸品もよいでしょう。子どもが身につけられる伝統的な帽子や衣装はぜひ手に入れましょう。

帰国したら、家の中のテーブルや棚などを、宝物を展示する場所に決めて、人形、おもちゃ、工芸品、本、家の模型、写真、硬貨などを飾ります。背面に壁があれば、ポスターや絵を飾ることができます。こうして外国の文化にまつわるミニ展覧会を開けば、子どもだけでなく遊びに来る友達にも喜んでもらえるはずです。紙のちょうちんや置物、鮮やかな色彩の布、旗、装飾的な扇子や花などで飾るのもおすすめです。

伝統行事

毎年恒例の行事は、家族ですごす機会です。家に受け継がれている宗教や文化にちなんだ行事と、家族が暮らしている国の祝祭日の両方があります。下記はイギリスの例です。

• 元日
• バーンズ・ナイト（スコットランド）
• 旧正月
• バレンタインデー
• 謝肉祭
• 聖デビッドの日
• ホーリー祭（ヒンドゥー教）
• 聖パトリックの日（アイルランドと北アイルランド）
• 母の日
• 過越の祭（ユダヤ教）
• 復活祭（キリスト教）
• 聖ジョージの日（イングランド）
• メーデー
• 父の日
• イード・アル・フィトル（イスラム教）
• ロシュ・ハシャーナとヨム・キプル（ユダヤ教）
• ディワーリ（ヒンドゥー教）
• ハローウィン
• ガイフォークスの花火
• リメンブランス・デー（戦没者追悼記念日）
• ハヌカー（ユダヤ教）
• クリスマス（キリスト教）

a Montessori birthday party

モンテッソーリのバースデーパーティー

モンテッソーリ幼稚園は子どもの誕生日に特別なお祝いを行います。家庭でも簡単に取り入れられます。

バースデーパーティーは通常、プレゼントとおみやげ、それにお菓子ばかりに興味が集中しがちです。モンテッソーリの誕生日祝いは異なる手法で臨み、子どもたちの学びの機会になるようなセレモニーを行います。パーティーに来た子どもたちは、地球と太陽の関係について入門的な知識を得て、一年間とは地球が太陽の周りを一周するのにかかる時間であることを学びます。さらに、子どもが生まれてから現在までの人生についても、一年ごとに主な出来事を振り返ります。

年を数える

地球を表す小さな地球儀と、太陽を表すろうそくかランプを用意し、床にはマスキングテープを貼るか長いひもを置いて円(できれば楕円)を描き、太陽の周囲をめぐる地球の軌道を示します。子どもが生まれてから今までに起きた重要な出来事を書き出し、さまざまな年齢のときの写真をそろえて、これまでの人生について語れるように準備します。

誕生日の当日には、家族が集まって線の周りに座ります。このとき、子どもが歩きまわれるように十分スペースを取ります。ろうそく(またはランプ)と地球儀を持ってきて、準備しておいたメモと写真も手元に用意します。円の中心にろうそくを置いて、火をつけます。子どもたちには炎は熱いので気をつけるように注意し、自分の場所に座ったままで見ているように言います。

「モンテッソーリのバースデーパーティーは知識を深めるセレモニーを行います」

段々できるように　誕生日のセレモニー

このセレモニーで、子どもは自分の年齢が、太陽の周りをめぐる地球の回転に結びついていることを学びます。

1

ろうそくは太陽を、地球儀は地球を表します。さまざまな写真が、ミアの人生の最初の4年間について教えてくれます。

2

ミアのお母さんが、ロープで描かれた円の中心にろうそくを灯し、地球が一年かけて太陽の周りを回る様子を説明します。

3

ミアは地球儀を持って太陽の周りを4周します。一周するごとにお母さんはその歳のミアについて語り、写真を見せます。

4

ミアの友達がバースデーソングを歌い、ミアがろうそくの火を吹き消したらセレモニーは終わり。ごちそうとゲームの時間です。

次のように説明しましょう。「このろうそく（または灯り）は太陽を象徴しています。空の上にいるお日様と同じです。太陽は大きな火の玉で、ずっと燃え続けていてその火が消えることはありません」。

地球儀を手に取り、床の線の周りをゆっくりと歩きながらこう言います。「この地球儀が表しているのは地球、私たちが暮らしている惑星です。地球は、とてもゆっくりと太陽の周りを回っています。地球が太陽の周りを一周する頃には、まる一年が経ちます」。それから地球儀を誕生日の子どもに手渡し、先ほどの手本と同じように線に沿ってゆっくりと歩くように言います。線に対応するように、子どものこれまでの歩みについて語りましょう。

「ミアの持っている地球は、太陽の周りを回り始めようとしています。ミアはまだ生まれていません。その頃、お母さんとお父さんはミアの誕生を今か今かと待っていて、ウィリス家のおばあちゃんとおじいちゃんは、赤ちゃんが生まれるというので泊まりがけで手伝いに来てくれました。ミア、一歩前に出てくれるかしら」。ここでミアが一歩前に出ます。「さあ、いよいよミアが生まれました。とても小さくて、たったこれくらいの大きさです。全身ピンク色で、ブランケットにくるまれています。お母さんとお父さんはミアが誇らしくてたまりません。これは生まれたてのミアの写真です」。

「ミア、線の周りを一周してくれるかしら。同じ場所に戻ったら立ち止まってね。さあ、ミアは1歳になり、最初の誕生日を家族でお祝いしています…」。このように話を続けていきます。ミアが現在の年齢と同じ回数だけ円に沿って回ったら、「ミアはもう4歳になりました。今日が4回目のお誕生日です」と言います。「地球は太陽の周りを4周しました。ミアが生まれてから4年経ったのです」。セレモニーの最後にバースデーソングを歌ってから、子どもにろうそくの火を吹き消してもらいます。

メモリーボックス
毎年の思い出の品々を、箱に入れます。子どもはそれを見直すことにより、それぞれの年齢のときの自分についての記憶を強められます。

タイムカプセル

子どもが自分の歩みを振り返ることができるように、タイムカプセルを用意するのもよいでしょう。写真、家族の動画、お母さんとお父さんからの手紙、それに絵や工作など、子どもが入れたい物を箱に入れます。いつでも好きなときに自分で見られるような安全な場所に保管しておきます。

小さかった頃…
ミアは友達のアリに、さまざまな年齢のときの自分の写真を見せてあげます。

6

学びに最適な時期

the best time
to learn

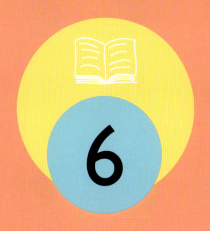

the foundations for learning

学習の基盤作り

**言語の敏感期は生後すぐに始まり
すべての乳幼児は
言葉の豊かな環境に反応を示します。**

学習能力の敏感期は、一部の子どもたちでは早い段階で訪れますが、年齢が進むまでまったく興味を示さない子もいます。正しいはたらきかけによって、子どもは読み書きや計算に自然に興味を持ち、学びたいという意欲を持つようになる可能性が高まります。この章では、家庭環境の中で適切な刺激とサポートをもたらし、子どもが自分のペースで成長できるようにする方法を説明します。

強制する親

学ぶことは競争ではありません。子どもは自分のペースで学ぶもの。親が強制すればするほど、子どもは反発します。子どもに学習を強制する親は、わが子を大人である自分のステータスの延長とみなしています。子どもが3歳で字が読めるようになることが、親としての成功だとでもいうかのように。でもその結果、授業や先生、教科書、テストが大嫌いな子どもになってしまうとしたら、それでも何かを達成したといえるでしょうか。

読み聞かせ

ほとんどの親は、子どもが小さいころからさまざまな本を与えるものです。第一子の誕生後まもなくから本を買い集めます。出版社は近年、優れた絵の児童書の重要性を認識するようになり、良質な絵本がたくさん出回るようになりました。「どんなにお財布事情が厳しくても、よい本にはいつもお金を使うようにしていた」と繰り返し言っていた私の祖母を見習いたいと思

「赤ちゃんがお座りして
集中できるようになったら
さまざまな絵本を
一緒に見る
時間を過ごしましょう」

家族の読書タイム
日常的に読み聞かせをすることで、本好きな子になっていきます。

います。

赤ちゃんがお座りして集中できるようになったら、ひざの上で絵本を眺め、ページに描かれている絵について聞くのを楽しみます。成長の過程で、毎日、寝る前に限らずできる限り読み聞かせをしましょう。お気に入りの本がどれかを意識し、同じ本を何度も読んであげるときでも楽しい雰囲気を忘れないように。子どもは繰り返しによって物語を吸収していくのです。

常に語りかける

赤ちゃんのお世話をするときは、今していることを実況中継するようにします。こうすれば行動と言葉を結びつけることができ、子どもの語彙を増やすのに効果があります。たとえば、「今おむつを替えてあげるね。あら、おしっこしてたの」「抱っこするね、さあ、今度は肩車してあげる」などと語りかけましょう。また「のどが乾くんだね。今日はいっぱい飲んでいるね」「このお花にち

一緒に話す
子どもに対して話すときは、はっきりと正確に。目を見ていれば、言ったことがすべて理解できたかどうかが分かります。

ょうどいい穴を掘ったんだね。この穴にお花を入れられるね」などと、子どもの様子を見て話題を見つけることもできます。「青いボタンを全部、他の青いボタンと一緒に入れてね」など、はっきりと特定の内容に限って話します。まだ言葉の意味が理解できない子どもに対しても、赤ちゃん言葉を使う必要はありません。

同時に、子どもが言われたことをすべて理解していると思い込まないことも大切です。簡単な言葉と文を使うようにし、目を見ながら話すようにしましょう。目を見ていれば、話の内容が分かっているか、混乱しているかがたいてい分かるものです。目を背けることもあるかもしれません。理解していない様子なら、ジェスチャーで説明しましょう。子どもが話を理解する能力が増すにつれて、語彙や文の構造の難易度を上げるようにします。新しい言葉を取り入れて、言葉の成長を促しましょう。一緒に番組を視聴するのでない限り、テレビやラジオは消します。騒がしい環境は、言葉の成長を妨げるのです。

まだ赤ちゃんのうちは、言葉なしでコミュニケーションがとれるように手助けしてあげましょう。身振り手振りでストーリーや状況を示します。「大きな大きな犬を抱っこして運んでいるところを想像して。まるで馬みたいに大きいよ」「空を飛んでいる鳥さんのつもりになってみて。こんな風に羽ばたくよ」など、ゲームに参加させましょう。「大きい」「高い」「速い」「遅い」「笑顔」「悲しい」などのさまざまな言葉の意味を、身振りで示すこともできるでしょう。これは年齢が上がってからも楽しめる遊びです。

「乳幼児のお世話をするときは、実況中継するようにします。行動と言葉が結びつきます」

YOUR CHILD'S
BRAIN

子どもの脳で起きていること

子どもにとって、豊かな語彙を身につけることはとても重要です。イギリスの小学生を対象とした研究によれば、7歳児のグループ100人のうち、成績上位25%の子どもの語彙は平均およそ7,100語で、下位25%では3,000語にとどまりました。語彙が貧困な子どもが5年間で上位の子どもに追いつくには、毎日3～4語を新たに学ばなくてはなりません。親が子どもにどれだけの語彙を教えるかが、親の階層以上に子どもの成績を左右することも明らかになっています。

家の中にある物の名前を教える

家の中にあるいろいろな物の正しい名前を教えましょう。言語の敏感期にある子どもは、新しい言葉を簡単に覚え、すぐに意味が理解できます。この時期は言葉をたくさん覚えれば覚えるほど望ましいのです。でたらめな言葉を作り出したり、発音を間違えたりすることもあるかもしれませんが、大人はおもしろがって変な言葉を使わないように。子どもがすべての音を正確に聞き取って発音する能力は段階的に発達していくことを認識したうえで、常に正しい言葉だけを使いましょう。たとえば、子どもは最初は「犬」という言葉だけを覚えるかもしれませんが、やがて犬と猫の区別がつくようになります。

それから、犬や猫のさまざまな種類を指す言葉を少しずつ教えていきましょう。たとえば、飼い犬のビスケットはプードルで、近所の犬のトビーはバセットハウンドであることを説明します。身のまわりの動物や鳥、花、木、果物、野菜、体の部分、家の中にある物の名前を教えるには、モンテッソーリの3段階レッスン（次ページ参照）を取り入れるとよいでしょう。豊かな語彙は、生涯にわたる学習能力の基盤となります。

形容のための言葉を使う

子どもが物の名前をたくさん覚えたら、今度は物や場所の様子を形容する言葉を教えて、さらに語彙を増やしましょう。物の色を表す言葉を使うところからスタートするとよいでしょう。最初は原色（赤、青、黄）、それから二次色（緑、オレンジ、紫など）。さらに、日常的に見られる他の色（薄紫、ピンク、水色、茶色など）も加えます。

その後で、淡い水色、深いピンク色、明るい黄色など、色についての説明を加える言葉を教えます。大きさ（大小、長短、狭いと広い）、味（しょっぱい、甘い、酸っぱい）、重さ（軽い、重い）、感触（ざらざらした、すべすべした）など、さまざまな説明のための言葉も取り入れていきます。

子どもが基本的な形容のための言葉をマスターしたら、「もっと大きい」と「一番大きい」、「もっと長い」と「一番長い」、「もっと高い」と「一番高い」など、比較するための言葉も教えていきます。こうした語彙は、第2章で紹介した五感を育てるアクティビティーにおいても重要です。「ここにある四角い積み木のうち、一番大きいのはどれでしょう。その次に大きいのはどれかな」など。

子どもがこれらの言葉をしっかり理解できたら、「トビー（近所のバセットハウンド）はどんな犬だろう」などと、何かについて自分自身の言葉で説明させましょう。子どもが知っている物語を言わせたり、一緒に料理をしながら子どもが今していることについて実況中継させたりするのもおすすめです。

語彙を豊かにする

モンテッソーリの教師は、子どもの語彙を豊かにするために3段階レッスンを用います。子どもは、名前と物を結びつけるときに言葉の意味を学びます。たとえば、二次色の色名を子どもに説明する方法を紹介しましょう。

命令ゲーム

不思議なことに、子どもはゲームとなると命令された通りにするのが大好きです。最初は「おもちゃのトラックを取って」「そこにあるトラックを取って」など、簡単な命令から始めましょう。それから「そこの高い棚の上にある大きな赤いバケツを持ってきて」など、物と場所についての詳細を加えて難易度を上げます。低年齢の子どもには、物が別の部屋にある場合の命令はずっと難しくなります。まだ小さすぎる場合、途中で迷ってしまうこともあるでしょう。

子どもが成長したら、「この花を流し台のわきに持って行ってそこに置いてください。それから、花びんを選んでこれくらい水を入れてから、テーブルに飾れるように花をきれいに活けてください。活け終わった花をテーブルの上に置いてくれたら、お客さんが喜ぶでしょう」など、2段階以上の命令にしてさらに難易度を上げましょう。

第1段階では、まずオレンジ色の絵の具を見せて、「これはオレンジ色だ」と色名を言います。続いて緑色の絵の具を見せて、「これは緑色だ」と言います。さらに紫色の絵の具を見せて、「これは紫色だ」と言いましょう。

第2段階では、子どもが言語と自分の経験を結びつけられるようにするため、「オレンジ色はどれかな」と色名を言って見つけさせます。オレンジ色の絵の具を指さすはずです。次に、「紫はどれかな」と聞いたら、紫色の絵の具を指させば正解。子どもが間違えた場合は、もう一度教えればよいのです。第1段階に戻り、紫色を指さしながら「これが紫色だ」と言い、緑色を指さしながら「これが緑色だ」と言います。第3段階では、大人は色名を言わないで、子どもに言わせます。オレンジ色の絵の具を指さして「これは何色だろう」と聞き、「オレンジ色」と言えれば正解。子どもが間違えたら、第1段階と第2段階を繰り返して、辛抱強く色名を教えましょう。

幅広い語彙を身につける

まずは、3段階レッスンを使って、身のまわりのさまざまな物の名前を子どもに教えることができます。果物や野菜（ピーマン、アーティチョーク、かぼちゃなど。下の例を参照）、動物、鳥、日用品などです。同じグループ

段々できるように　3段階レッスン

3段階レッスンは簡単で、覚えておけばいろいろなシチュエーションに使えます。間違いを指摘するのではなく、子どもがすでに知っていることに基づいて発展させていく教え方なので、楽しく学べます。

1
オズウィンのお母さんが、3種類の野菜の名前を教えます。名前を言いながら指さしていきます。

2
次に、かぼちゃはどれか指さすように言います。それぞれの野菜について、順番に指させるか確かめます。

3
お母さんが野菜を手に取り、オズウィンに名前をたずねて答えさせます。オズウィンは、自分がいつの間にか野菜の名前を覚えたことに気づいて、うれしくてたまりません。

の物の名前を数日間〜数週間かけて覚えるようにし、すべての名前をしっかり覚えられたことを確かめてから、次のグループに移りましょう。

子どもの年齢が上がるにつれて、3段階レッスンを使って語彙を増やし続けましょう。幾何学(二等辺三角形、正方形、立方体、五角形など)、植物学(植物、草、木、葉、茎、花びら、おしべなど)、さまざまな陸地と水に覆われた地球の表面(山、島、湖、海、川、地峡など)などのテーマに関連する用語を教えます。子どもが知っている言葉が多ければ多いほど、周囲をよく観察し、見えるものが何なのかをつきとめようとするものです。

ストーリーを語る

子どもに雑誌から好きな写真を選んでもらい、切り取らせます。それからその人物や動物について何かを話すように言いましょう。子どもの年齢が上がると、自分でお話が作れるようになります。子どもの話を一字一句コンピュータに入力し、大きなフォントでプリントアウトします。1枚に1文だけ、紙の下の方にプリントアウトすれば、子どもがその上に雑誌の切り抜きを貼り、さらに別のページには自分で絵を描くことができます。上質紙に印字して、パンチで穴をあけてそれぞれの穴にリボンを通せば本のできあがりです。

仕上がった作品には、自分でサインさせます。まだ字が書けない子どもなら、印をつけるか、スマイリーフェイスを描くか、イニシャルだけでも書くようにしましょう。紙に書かれた印と、話し言葉が関連している事実が分かるようになるはずです。

質問と感情

子どもが話そうとするときは、よく聞くようにしましょう。それ以外のときも、物語の続きを予想させるなどして、子どもが話すように促します。「子グマはどうして誰かが自分のいすに座っていたことが分かったのかな」「いすが壊れていたから、誰か大きい人が座ったに違いないよ」などと、簡単に「はい」か「いいえ」で答えて終わる質問は避け、会話を続けます。「もしも鳥になっておうちの上を空高く飛んだら何が見えるかな」「もしも……ならどうなるだろう」など、自由回答の質問は子どもが自分の考えを整理して伝える能力を伸ばす助けになります。

子どもが自分の気持についても話せるように勇気づけましょう。うれしい、悲しい、怒っている、怖い、楽しいなど、さまざまな感情を感じている人たちの写真を雑誌から切り抜いて用意します。写真に写っている人に表れている気持を子どもにたずね、それから「怖いとき、どんな感じがする」など、子ども自身の感情についても言わせましょう。手袋人形を使っていろいろな感情が登場する物語を子どもに聞かせ、人形になりかわって話させるのもよいでしょう。こうすると子どもは自分の感情を表現しやすなります。

「自由回答の質問は考えを整理して伝える能力を伸ばします」

ストーリータイム
子どもに好きな写真を選んでもらい、それについて話をさせれば、語彙を広げ、話す力を伸ばす助けになります。

the writing road to reading

読むために書き方を学ぶ

**話せるようになるのと同じくらい
簡単に字が読めるようになる方法を
ご紹介します。**

モンテッソーリ幼稚園では、私たちが話す言葉の音がどのようにアルファベットの記号に変換され、書くのかを、小さな子どもでもはっきりと理解して整理できるよう、手を使って発音を学びます。それぞれの字で作られる音とそれぞれの音に対応する字を一字ずつ学んでいき、すべてのアルファベットを習得するまで続けます。基本的な教具を用意すれば、家庭でもできます。

アルファベットの提示

アルファベットは下記のグループごとに、少しずつ提示していきます。

第1グループ	c m a t
第2グループ	s r i p
第3グループ	b f o g
第4グループ	h j u l
第5グループ	d w e n
第6グループ	k q v x y z

砂文字板

砂文字板は触覚と視覚を使ってアルファベットを学べるようにするものです。大きなカード26枚のセットで、細かい粒子のサンドペーパーを切り抜いて作った小文字のアルファベットが1つずつ、すべらかで色のついた薄い板の上に貼られています。カードの色は子音はピンクか赤、母音は青で子どもに見分けやすくなっています。砂文字は市販されていますし、手作りもできます(次ページ参照)。

子どもが3歳くらいになって自然と興味を示したら、少しずつ文字を提示します(囲み参照)。それぞれの字を実際に書くときと同じように、子どもがふつう物を持つのに使う方の手の中指と人差し指を使ってなぞります。実際になぞりながら、その字が示す音を、「cat」など3文字の単語で発音します。たとえば「c」はカ行に似た音を表します。

小さなラグの上で子どもの横に座り、砂文字板を3枚見せます。ここではカ行に似た音の「c」、ア行に似た音の「a」、それにタ行に似た音の「t」を使いましょう。

砂文字板の作り方

薄いプラスチックの板か丈夫な厚紙を用意し、縦20センチ、横15センチのカードを26枚作ります。「w」などの字はカードの横幅をもっと広くする必要があるかもしれません。

無害なエナメル塗料のスプレーを使い、カードに色を塗ります。母音 a, e, i, o, u のカードは青に、子音 b, c, d, f, g, h, j, k, l, m, n, p, q, r, s, t, v, w, x, y, z のカードはピンクか赤に塗ります。

次に、細かい粒子のサンドペーパーを切り抜きます。まず型紙をカッターで切り抜いて大きなアルファベットのステンシルを作ってから、今度はそれをサンドペーパーに当てて切り抜いていきます。

サンドペーパーの表が上になるように、26のアルファベットをカードに貼ればできあがりです。

次に、指で砂文字をなぞるように手本を示します。子どもにとって無理のないペースを心がけましょう。

「c」の字をなぞりながら、子どもに「これはc（カ）のように発音するんだよ。言えるかな」と言います。たいていの子どもはまねをして言うでしょう。それから、字をなぞりながら発音するように子どもに言います。子どもは字をなぞりながら、視覚的な形、書き方の触感、それに発音の仕方という3つの情報を受け取ります。「c（カ）は、cat、can、cap」というように、この音で始まる言葉を思いつくままに挙げましょう。これが3段階レッスンの第1段階です（178〜179ページ参照）。そして2番目の字を同じプロセスで教えます。レッスンの第2段階に進みましょう。「c（カ）はどれかな。t（タ）はどれかな」と聞いてみます。間違えたら、第1段階に戻って繰り返してから、第2段階にもう再挑戦し、「t（タ）はどれかな。c（カ）はどれかな」とたずねます。次に3番目の字「a（ア）」を出すために、第1段階と第2段階を使います。第3段階では、「c」「a」「t」の字の形を子どもの前に並べ、それぞれの字を順に発音させると「c（カ）、a（ア）、t（タ）」「cat（キャット）」になります。子どもはこうして初めて単語が読めたことになります。

毎週2字ずつか、それより少し多いくらいのペースで、少しずつ字を増やし、すべてのアルファベットを覚えるまで続けます。常に子どものペースで進めましょう。子どもが飽きたらその日のレッスンはおしまいです。目標は学ぶのが楽しいという感覚、それに字を読んだり単語を作ったりすることへの興味を持たせることで、無理やり早く字が読めるようにすることではありません。

モンテッソーリ幼稚園では、子どもはそれぞれのアルファベットの名前（「A（エイ）」「B（ビー）」「C（シー）」など）を教わらず、1つの字が表す発音だけを学んでいきます。これについて多くの親たちは不思議がります。実際に、モンテッソーリ教育を受ける子どもたちは、だいぶ年齢が上がるまで「エイビーシー」を知らないまま、字が表す発音を使ってそれぞれの字を呼びます。子どもは通常、アルファベットの読み方を学ぶうえで不必要かつ混乱を招く段階を体験しますが、モンテッソーリのやり方ではこの段階を排除し、「aはappleのa。発音はa（ア）」となります。

このように読み方を教わった子どもが、単語がふつうに読めるようになるより何週間も何か月も前に、与えられたアルファベットの文字を使って自分で簡単な単語が作れるようになることも珍しくありません。これは、注意深く考えられたモンテッソーリの言語入門法のなせる技です。視覚から字を覚えるのではなく、一度に1つの音ずつ単語をつづっていくのです。これは、印刷された単語を「解読」するプロセスよりもずっとやさしいやり方です。

細かい砂の中に字を書く

砂文字板の応用編として、砂がこぼれないよう深めのトレイの中に細かい砂を入れ、その中に今習っている字を指で書くアクティビティーもおすすめです。砂文字板をなぞった後で、砂にも同じ字を書いてみるように言いましょう。こうすると、字を書く筋肉の動きの記憶が強化され、後にえんぴつなどで字を書く練習をするのに役立ちます。

えんぴつを使える力を伸ばす

字を書き始める前に、まず手を上手にコントロールして使える力を発達させる必要があります。本書で紹介してきた五感を育てるアクティビティーの多くは、手と目の協働を発達させるのに役立つという効果もあり、これは字を書くのに欠かせない要素です。指で丁寧に形をなぞる練習をするのもよいでしょう。

子どもが字を書く練習をする準備ができたら、小さな黒板とチョークがあれば役立ちます。砂文字板を指

砂の中に字を書く
子どもがカードの字をなぞれるようになったら、
トレイに入った砂の中に字を書く練習をします。

でなぞった後、同じ字をチョークで黒板に書かせます。1つずつ文字が書けるようになったら、簡単な単語を作ってみましょう。

文字遊び

このゲームは、子どもが学んでいる字の発音をしっかり記憶する助けになります。単語の最初の音を聞き分ける力も付きます。名前が同じ字で始まる小さな物をいくつか集めます。たとえば「t」ならおもちゃの電車(toy train)、トラック(truck)、トラクター(tractor)といった具合です。マットの上に砂文字板を2枚か3枚並べます。集めた物はバスケットに入れます。バスケットの物をひとつ子どもに選んでもらい、名前を言わせます。それから、「truckという言葉は初めにどんな音が聞こえるかな」と聞きます。単語を注意深く、ひとつの音ずつ発音します。「t(タ)」「r(ラ)「u(ア)」「ck(ク)」。「truckはt(タ)で始まるね。このトラックをt(タ)のバスケットに入れておこう」。他の物についても同じようにします。

切り抜きアルファベット

砂文字板の文字がいくつか認識できるようになって発音を覚えたら、切り抜きアルファベットを使いましょう。仕切りのある大きな箱にプラスチックでできたアルファベットが入っていて、昔の印刷工が使っていた金属の活字のように整理されています。モンテッソーリの教具として市販されていますし、プラスチックや磁石でできた子ども向けのおもちゃで代用してもかまいません。子どもは身のまわりの小さな物や絵を選んでその名前を表す単語を作り、アルファベットを並べて遊べます。砂文字板と同様、ひとつずつ音を発音し、次に来る音に対応するアルファベットを選ぶようにします。

YOUR CHILD'S **BRAIN**
子どもの脳で起きていること

モンテッソーリ幼稚園・学校に通う子どもとそれ以外の子どもを比べた研究によると、モンテッソーリ幼稚園で3年間のカリキュラムを修了した5歳児は、別の幼稚園に通った子どもに比べて学力テストでの得点が高くなりました。モンテッソーリ学校に通う12歳児は、そうでない12歳児に比べてより洗練されていて創造性の高い物語を書く能力があることも明らかになりました。

チョークで書く
子どもが砂の上に指でなぞる練習をしたら、次は同じ字を黒板に太いチョークで書かせるとよいでしょう。

切り抜きアルファベット
26の部分に区切られた大きな箱にアルファベットが1セット入っていて、子どもが単語を作って遊べます。

発音に基づく学習法は、子どもに読み書きを教えるうえで絶大な効果のある方法として、教育の専門家の間で長年認められています。しかし、イタリア語やスペイン語と違って、英語の表記はいつも同じ音を表すわけではありません。たとえば「ough」という字の連なりで作られる音にどれだけのバリエーションがあるかを考えてみましょう。「cough（コフ）」では「オフ」、「rough（ラフ）」や「enough（イナフ）」では「アフ」、「though（ゾウ）」では「オウ」に近い音になります。英語には全部で96ものフォノグラム（特定の発音を表す字の組み合わせ）があります（ph-, -ee, ai, ooなど）。

子どもが言葉や文、文章、物語を書くようになると、独創的なつづりをすることが珍しくありません。たとえば「phone」は「fon」とつづるかもしれません。初めのうちはこうしたつづりを正す必要はなく、むしろ間違うことを恐れて興味を失ってしまうリスクを避け、言葉を正確に発音できる能力に自信をつけさせることを優先させるべきです。

切り抜きアルファベットで単語を作る過程は、何年も続きます。3文字の単語から始まり、やがて子音の連続（fl, tr, stなど）や二重母音（oo, eeなど）、発音しない「e」などを含む4文字、5文字の単語へと発展します。

読み始める

単語だけの読み書きから、文や文章を読み書きできる段階への移行は、通常スムーズに行われます。4歳で移行を果たす子どももいますが、5歳か6歳のときであることも珍しくありません。もっと早い時期に読み書きができるようになる子どももいますし、もっと遅くまでかかることもあります。子どもには個人差がありますから、わが子が同年齢の他の子どもと比べてやる気を見せなくても焦ることはありません。

年齢に関係なく、子どもが少しでも興味を見せたら読み方を教え始めましょう。ふさわしい時期になれば自然と知識をまとめあげて、自分で読み書きするようになります。コンピュータを使い、身のまわりの物の名前を印刷したカードを作りましょう。このカードを使えば家中の物にラベルを貼ることができます。

動詞ゲーム

子どもが単語を読めるようになったら、命令ゲームの上級者版ともいえる動詞ゲームをやってみましょう。動詞や動きの言葉を印刷したカードを何枚か作ります。

子どもはカードを引いて読み上げ、カードに書かれたことをします。その間、カードは掲げたままにします。跳ねる、にこにこする、あくびする、眠る、手をたたく、座る、立ちあがる、手を振る、食べる、飲む、頭に手を載せる、など。

最初の動詞カードがすべて読めるようになったら、「テディベアを持ってきて渡す」「部屋中をカモみたいにしゃがんで歩き回る」など、もっと複雑な動作を書いた難易度の高いカードを作ります。

first steps to mathematics

算数のファーストステップ

**ゲームや手を使う教具によって
算数の初歩の概念を
子どもに教えましょう。**

繰り返し数を数えることは、日常生活で簡単に習慣にできるアクティビティーです。子どもと一緒に数を数えられる機会は無数にあります。一緒に料理をするときは、あと大さじ何杯加えなくてはならないかを数えましょう。歩くときは、一歩ごとに1から10までを数えて、また1から繰り返しましょう。親子でお手玉をやさしく投げ合いながら、回数を数える遊びもできます。子どもに分かる限りたくさん数を数えてもらい、続きは親が数えましょう。

数が意味すること

ひとつひとつの物を数えることで数の概念を理解するのは、最初は難しいものです。子どもは1から10までの数を暗記して「数える」ことはできても、3つか4つ以上の物を見て、他と比べて多いか少ないかを判断するのは苦手です。まるで「1、2、3…たくさん」と数えているかのようです。

そこで、ばらばらの物を数えるのではなく、色分けされた算数棒などを使い、数と量の概念が視覚的に見えるように工夫しましょう。モンテッソーリ幼稚園では、10センチずつ長さに差のある棒のセットを使います。一番短い棒は長さ10センチで、全体が赤く塗られています。2番目の棒は20センチで、10センチずつ赤と青に色分けされています。 長さの異なる棒が10本で1セットです。モンテッソーリの算数棒は市販されていますし、手作りもできます（190ページ囲み参照）。

子どもが算数棒を使うと、足し算の性質と2つの数を足し合わせられるという概念が自然と理解できるようになります。たとえば、子どもが「1」の算数棒を「2」の算数棒につなげて置けば、次に並んでいる「3」の算数棒と同じ長さの新しい棒が作れます。このような関係性を、1から10まですべての数で探求できるのです。

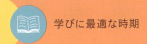

1、2、3
子どもは遊びの中で基本的な
算数を身につけていきます。

算数の初歩
算数棒は一番長い棒から一番短い棒を階段状に並べるように言います。それぞれの棒がいくつの色に分かれているかを一緒に数えましょう。

算数棒の作り方

算数棒を手作りするには、定規と同じくらいの幅と厚さ(幅5センチ、厚さ1センチ)の木の板またはストリップボードを用意します。10センチから始まって、20センチ、30センチ…というふうに、一番長い100センチまで10種類の長さに切ってもらいます。全体をスプレー塗料で赤く塗り、乾かします。それからマスキングテープを使って青い部分を塗っていきます。「1」の棒は全体が赤です。「2」の棒なら10センチの部分までは赤く、残りの10センチは青。「3」の棒はやはり10センチは赤、真ん中の10センチは青、残りの10センチは赤。このように赤、青、赤の縞模様を作っていきます。「10」の棒なら、赤、青、赤の部分が交互に10個ある縞模様になります。

算数バスケット

算数バスケットは、子どもが数と量の概念への理解をさらに深める助けになります。小さなバスケットを10個用意します。「0」から「1」「2」「3」のように「9」までの数字が書かれたカードを用意してそれぞれのバスケットにつけます。大きなバスケットを用意し、小さな棒やビーズなど同じ物を45個入れておきます。モンテッソーリ幼稚園では直径1センチ、長さ15センチの丸い棒を使いますが、おうちでは同じ色の大きな木のビーズや洗濯ばさみを使ってもかまいません。1から9まで、正しい数を数えて、小さなバスケットに入れていきます。当然のことながら「0」のバスケットには何も入れず、低年齢の子どもも、ゼロは何もないことを示すという概念（空集合）が学べます。子どもが間違えずに数を数えられたら、「9」のバスケットに入れ終わったとき、大きなバスケットには何も残っていないはずです。

簡単な足し算

子どもの算数の力を伸ばすために、家の中で親子一緒にできることはたくさんあります。「お母さんとお父さんが結婚したときは、2人でした。そこに赤ちゃんが生まれました。さあ何人になったかな」などと、人形を使って簡単な足し算をしてみましょう。果物など、身近にある物が何でも使えます。

実践の手引き 算数を実際に使ってみる

日常生活の中で出会う物を何でも数えてみせれば、子どもはやがてそれぞれの数が表す量を理解できるようになります。足し算や引き算はその自然な延長です。

バスケット
マックスがバスケットの中にお手玉を投げ入れていきます。命中するごとに数を数えます。

じゃがいもを数える
家族全員が夜ごはんにじゃがいもを1個ずつ食べられるように、ホリーが数を数えます。

引き算に挑戦
オズウィンがボウルの中のオレンジを数えます。お母さんが2つを取り出して「さあ何個になったかな」とたずねます。

exploring science in your home

家庭で科学遊び

家庭は科学で遊ぶのに理想的な場所。子どもが世界の仕組みを理解できるように手伝ってあげましょう。

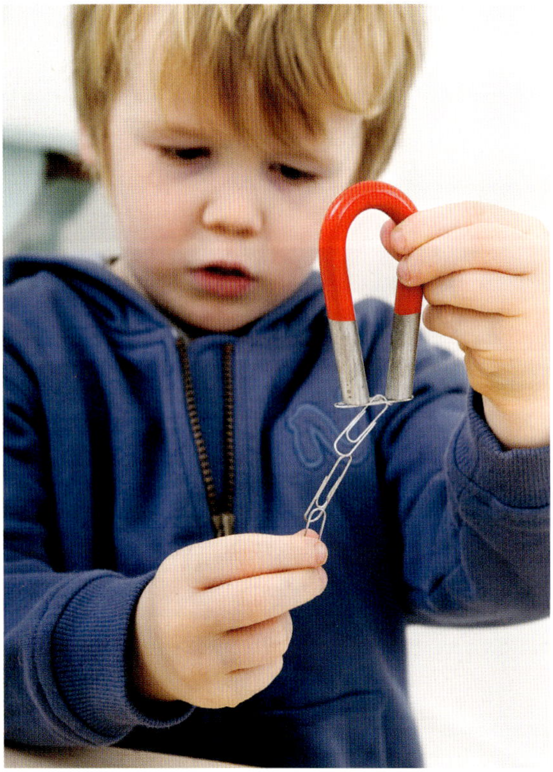

　親子でできる科学遊びは無数にあり、それだけで1冊本が書けるほどです。これまで本書の中で紹介したアクティビティーの中にも、五感を育てる遊び、自然の中の散歩、庭仕事など、科学の要素を含むものがたくさんあります。この章では、わが子を小さな科学者にするためのアイデアをさらにご紹介しましょう。

磁石にくっつくか、くっつかないか

　バスケットの中に小さな物をたくさん入れます。鉄素材で磁石にくっつくものもいくつか入れておきます。カードを2枚用意し、1枚には「じしゃくにつく」、もう1枚には「じしゃくにつかない」と書いておきます。子どもにバスケットの中からひとつずつ物を取り出して磁石にくっつく物とくっつかない物を調べてもらい、2つのグループに分けて置いていきます。

磁石の魔法
いろいろな物が磁石につくかどうかを調べる遊びに、子どもは夢中になります。

生物と無生物

バスケットの中に、さまざまな生物と無生物の形のおもちゃや小物を入れておきます。カードを2枚用意し、それぞれに「いきもの」と「いきていないもの」と書きます。生物としては、おもちゃの鳥や森の動物のぬいぐるみ、虫や木のフィギュア、人形などがよいでしょう。無生物としては、磁石、指ぬき、ミニカー、家の模型、手鏡などを用意します。カードのわきに、現実の世界でどれが生きていてどれが生きていないかを考えてもらい、それぞれのカードのわきに置いていきます。

沈むか浮かぶか

水に浮く物と沈む物をいくつか集めておきます。どれが浮いてどれが沈むか、子どもに予想してもらいます。トレイの上に水を入れたボウルを用意し、実際に確かめましょう。

種を発芽させる

乾燥白いんげん豆、ペーパータオル、霧吹きを用意します。豆を一粒ペーパータオルの上に置いてそっと包み、霧吹きで濡らします。毎日子どもに霧吹きの水をかけるように言って、湿った状態にしておき、芽が出そうかどうかを観察しましょう。

芽が出たら、子どもと一緒に土を入れた小さな植木鉢に植えます。枯らさないようにきちんと水やりをさせましょう。

水に浮くか沈むかを見る
ボウルの水の中で自分の予想通り浮くか沈むかを確かめるのも、とても楽しい遊びです。

草のバスケット

小さなバスケットを用意し、底にラップを敷きます。子どもを手伝い、深さ2センチになるよう小石を敷き詰めてから、深さ5センチになるよう土を入れさせます。手本を見せながら、土に草の種をまいて、そっと指で押すようにさせます。窓の隣のテーブルにバスケットを置いて、一日に数回霧吹きの水をかけて種を湿らせます。2週間後には草が発芽するでしょう。

靴下を育てる

秋に森や背の高い草の生えた場所を散歩すると、靴下やズボンにとげのある草の種がくっつくことがあります。子どもに長いスポーツソックスをはかせて、ズボンの上にかぶせるようにし、草の種がくっつきそうな場所を歩かせます。家に帰ったら、靴下を脱いで洗面器に入れ、日光がよく当たる場所に置きます。靴下の一方の端を水に浸けて常に濡れているようにします。1〜2週間後、種から芽が出て、「靴下の畑」ができあがります。

植物の根を調べる

根を傷めないように植物を掘り起こします。それを新聞紙の上に置き、根についた土を丁寧に落とします。すべての植物は根から土の中の水分と養分を吸い上げることを、子どもに説明します。根のまわりの土を戻して、土壌に植え直します。

くるみの殻のボート

子どもは水遊びが大好き。深いトレイに水を入れて小さな池に見立てれば、くるみの殻で作った小さなボートを浮かべて遊べます。ボートを作るには、いくつかくるみの殻をへりに沿って丁寧に割ります。きれいに半分ずつに割るように気をつけます。それから、紙を四角形か三角形に切って、帆を作るように手本を示します。マストを立てるにはつまようじを紙の適切な場所に通し、風をうまく受けられるようにします。くるみの殻の底に粘土を入れて、マストを立てます。ボートを水に浮かべ、そっと息を吹きかけて「船出」させます。

水の中の空気

空気が入った入れ物を水の中に沈め、上向きに傾けると泡が出てくるのを、子どもはとてもおもしろがります。バケツなどの深い容器に水を入れるとよいでしょう。また、水槽のように側面がガラスなら、水面に上がってくる泡をみんなで観察することができます。ストローを使って水中やお風呂のお湯に泡を吹き込むのも、子どもは大好きです。

ボート作り
くるみの殻、紙、つまようじ、粘土を使い、家庭で小さな「池」に浮かべて遊べるボートを作りましょう。

developing executive functions

実行力を伸ばす

愛情に満ちた家庭生活と、アクティビティーに恵まれた環境。そのふたつがそろえば、すべての子どもは脳の機能を高度に発達させます。

私たちがさまざまな仕事を計画し、整理し、完了できるのは、本質的に脳の物事を実行する機能のおかげです。マリア・モンテッソーリはこのことを知らなかったかもしれませんが、彼女が考案したアクティビティーの多くは脳の高度の機能を鍛えるものです。生後7カ月頃、いないいないばあや毛布の下におもちゃを隠すという簡単な遊びによって、赤ちゃんは認識能力を磨いていきます。赤ちゃんは作業記憶（ワーキングメモリー）を使って隠れている場所を認識し、制御を用いて人や物が再び姿を現すのを待ちます。赤ちゃんが手遊び歌の結末を予測して笑うときは、作業記憶と衝動の制御の双方が機能しているのです。

子どもが就学年齢に近づくと、絵合わせや分類をするカードゲーム、記憶ゲーム、それにパズルは、視覚的な記憶を鍛えるために理想的な遊びになります。子どもたちは柔軟な思考ができるようになり、物まねゲームや命令ゲームのさまざまな指示を聞き分けられるようになります。ごっこ遊びは、子どもたち自身で設定を決めて、お母さん、お父さん、お医者さん役を決める場合は特に、計画する能力と自律を高めます。子どもと一緒に料理をすれば、指示を待てるようになり、作業記憶を使って仕事を覚え、材料を丁寧に計量できます。

4〜5歳から上の年齢の子どもは、ボードゲームを楽しみましょう。これは自分の順番を待ち、ルールを守り、そしてレベルが上がれば戦略を考えることも必要にな

YOUR CHILD'S **BRAIN**

子どもの脳で起きていること

物事を実行する脳の機能は乳幼児期に発達し始めます。子どもの集中力、衝動の制御、それに作業記憶（ワーキングメモリー。脳の中に短期的な記憶をとどめてそれを使う機能）は、年齢が上がるにつれて少しずつ伸びていきます。こうした脳の機能がともに働くことは、学習の基盤であり、計画や問題解決の力になります。

はんぶんこ
マフィンがひとつしかないときはどうすればよいでしょう。これも問題解決の一例です。

るため、作業記憶、柔軟な思考、自己制御という脳の3つの機能を最大限に使わなくてはなりません。パズルやクイズ本は、集中力と問題解決能力を訓練します。「アイ・スパイ」や「20の扉」などのゲームは、論理的な思考を促します。

問題解決

子どもが成長するにつれて、親がちょっとした頼みごとをして、子ども自身が状況を考え、計画し、解決策を見つけるようにさせれば、問題解決能力を鍛えられます。

ひとつの問題の解決策を見つけるには、いくつかの段階を経なくてはなりません。何が問題かを理解し、問題の原因を調べ、自分の知識や能力など問題解決に使えそうなものを駆使し、それから、それらがうまくいくか判断します。大人は過去の経験からさまざまな方策や予想を立てられるので、問題解決のスピードは早くなります。しかし低年齢のうちは、人生は豊かに目新しく、計画して解決法を見つけることに特にやりがいを感じ、子どもは時間をかけて方策を発達させていきます。子どもと一緒に次のことをやってみましょう。

- 休みや旅行の前は、小さなスーツケースを与えて、歯ブラシやパジャマ、ぬいぐるみなど必要な物をそろえさせ、パッキングも自分でさせます。
- 家族会議（117ページ参照）では、賢い子どもに議題を提案させて、アドバイスをしてもらいます。
- 子どもに舞台道具や配役を準備してもらい、劇や人形劇をします。
- 「うちの赤ちゃんはお店のカートに載せられるのが大嫌い。どうすれば好きになってもらえるかな」など、日常的な問題を子どもに相談してみましょう。

is Montessori right for your child?

モンテッソーリは わが子に合っているか

本書のアイデアを実際に使って楽しめたら子どもをモンテッソーリ幼稚園に入れることを検討してみましょう。

モンテッソーリ教育の長所は、協力と敬意を重んじる雰囲気で、どんな子どもたちも楽しみながら学べることです。幅広い子どもの個性や性格、学び方に「最適の」教育法といえるでしょう。子どもの学習に関する期待は家庭により異なりますが、たいていどんな家庭にもモンテッソーリ教育は適していますし、モンテッソーリ幼稚園は、常に親と協力しあいながら子どもの学習と発達を助けます。

その教育課程は、子どもの学習の機会を最大限に高めるように構成されています。しかし、通常の幼稚園で採用されているものとは異なる教育法なので、将来の学校での成績ばかりを気にする親にとっては理解しがたく、受け入れられないかもしれません。「子どもには生まれつき高い知性と好奇心、創造性がある」という信念を持ち、「子どもは自然に学んでいくものなのに、多くの学校(それに一部の親たち)は学びの過程を

楽しいダンス
モンテッソーリ幼稚園は環境を整えることに気を配り、学びを楽しくおもしろい経験にします。

ストレスに満ちたものにしてしまっている」という考え方です。また、計画性も秩序も欠けている(朝の遅刻が多く、子どもの迎えの時間がばらばらで、会議に出席したり幼稚園と密接に協力したりするのが困難だと感じる)親は、モンテッソーリ幼稚園に不満を感じるかもしれません。しかし、そうした家庭の子どもの多くがモンテッソーリ幼稚園で安心を感じます。

幼稚園選び

モンテッソーリ幼稚園は、マリア・モンテッソーリの洞察と研究に基づく英知に忠実に従って運営されていますが、モンテッソーリ教育施設の創成期から100年以上を経て、どの園も現代の文化や科学技術の進化に大きく影響されています。さらに、「モンテッソーリ」の名称はひとつの教育法と哲学を表すものの、著作権では守られていませんし、許可やフランチャイズの制度もありません。その結果、世界のどの場所でも誰でもが、本来の教育課程の運営についてまったく知識を持たずに幼稚園を開いてモンテッソーリを名乗ることが、理論上可能になっています。これは本物と偽物の違いを知っている者にとっては迷惑であり、恥ずかしい事態です。このような幼稚園のほとんどは失敗するうえ、人々にモンテッソーリへの誤解を与えてしまいます。

モンテッソーリ幼稚園の信頼性の指標のひとつが、専門のモンテッソーリ組織に加盟して認定を得ていることです(207ページ参照)。ただし、他にも小規模な組織が多数あるうえ、モンテッソーリ幼稚園は必ずしも外部の組織に加盟したり認証を得たりすることを求められていません。本物のモンテッソーリ幼稚園の中にも、組織に属さず独立を貫くところも少なくありません。

ひとつの教育法がすべての子どもに合うということはありません。親は、わが子と幼稚園の相性だけでなく、家庭の価値観や子どもの教育の目的と、幼稚園で現実的に得られるものがふさわしいかを見極めなくてはなりません。親に合った幼稚園を見つけることは、子どもに合った幼稚園を見つけることと同様に大切です。親と幼稚園が互いに相性がよいと感じていて、それに基づく協力関係を築くことが必要なのです。

モンテッソーリ教育法

子どもの教育に関する次のような基本的な考え方に賛成できる親なら、モンテッソーリ教育が合っているといえるでしょう。

- 知性は人類に共通して備わっている。子どもは生まれつき知性を持っている。幼児期に適切な刺激を与えることで、理性と問題解決の力を発達させる手助けができる。
- 子どもの教育において最も重要な時期は0～6歳だ。
- 子どもは自立心と自主性を最大限に養うべきだ。
- すぐれた教育を授けるためには、他の子どもとの競争やごほうびによってやる気を引き出そうとするのは効果的とはいえない。幼稚園が安全で、おもしろくて、楽しい場所だと感じられれば、その方が効果的に学ぶことができる。
- 子どもの自尊心と自信と自律は、新しい能力や情報を学んで自分のものにする力と密接にかかわっている。
- 子どもにとって最も効果的な学習法は、丸暗記やテストではなく、自分の手を使い、現実の世界に触れて、また実際に問題を解決することだ。

見極めるポイント

子どもにとって、そして親にとって相性のよい幼稚園かどうかを見極めるには、親が自分自身の目と耳と直感を信じることが必要です。自分で観察し、体験することに勝る情報はありません。忙しいし見学は必要ないと思っている方もいるかもしれませんが、幼稚園の見学は、最優先項目にするべきです。実際に幼稚園にいる子どもたちの様子を30分〜1時間見学すれば、かなりのことが分かるものです。まずは「お仕事の時間」を見られるように許可を得ましょう。時間が許す限り、最後まで残るか、後でもう一度戻ってきて、帰りの会も見学させてもらいます。次の項目がチェックリストとして役立つでしょう。

• 机がずらりと並んでいることも、一番前に教壇や黒板が置かれていることもなく、子どもたちがお互いに話をしたり、一緒に何かをしたりしやすい環境になっている。子どもサイズの家具が置かれている。

本を楽しむ
本はモンテッソーリ幼稚園の核心です。絵本から始め、自分のペースで読むことを学んでいきます。

• 明るくて暖かく、居心地がよく、植物や動物、アート、音楽、本などの教材がたくさん置かれている。魅力的な教具や教材、算数の道具、地図や図版、世界や歴史に関連した小物、本棚、お絵描きと工作のコーナー、自然の展示コーナーが用意され、子どもたちが世話をする生き物もいる（学校なら、中学生以上の教室にはコンピュータや科学実験の道具が置かれている）。

• 教室は、言語（読み書き、綴り、文法、文学、創作）、算数と幾何、日常生活の技術、五感を鍛える教材やパズル、地理、歴史、科学、音楽、運動など、さまざまなカリキュラムのエリアで構成されている。それぞれのエリアは1つか複数のユニット棚やキャビネット、テーブルで作られていて、さまざまな教具や教材が並べられ、子どもが自分で手に取ることができる。

YOUR CHILD'S **BRAIN**
子どもの脳で起きていること

神経科学の研究によって、人生の最初の6年間は生涯にわたる影響を残すことが確かめられています。子どもは学ぶ力を持って生まれてきます。十分なサポートと愛情に満ちた人間関係、言語を使う機会が豊かにある環境、それに子どもが成長する過程で自分自身で積極的に取り組む経験が、効果的な発達をもたらします。

上手なお仕事
おたまの使い方など日常生活の技術を学ぶことは、手と目の協働を発達させ、生活能力を伸ばして独立心を養うのに効果的です。

マナーを身につける
お行儀や礼儀も学びます。モンテッソーリ幼稚園の子どもたちは、礼儀正しく親切なふるまいができることでも定評があります。

• 各組の教室に、子どもの年齢にふさわしいモンテッソーリの教具がすべてそろっている。
• 一般的なおもちゃは少ししか置かれていないが、子どもの能力、興味、必要に合わせた教具や教材がきちんとそろっている。これによってさまざまな知的刺激が得られて、幅広い方法での学習と発見が可能になる。
• 各組を担当する教師はモンテッソーリ教師の資格を持ち、信頼できるモンテッソーリ認定機関から、該当年齢の子どもを指導する資格を取得している。2人目のモンテッソーリ教師か教習生がサポート役を務めることも多い。教師は通常一度に1～2人の子どもの指導を行い、新しいレッスンを提示したり、アドバイスをしたりするか、静かに教室全体の子どもたちの取り組みを観察する。
• モンテッソーリの教育課程は、伝統的には幼児期から3年ごとに、異なる年齢の子どもによって構成される縦割りグループで行われる。各組の男の子と女の子、そして3学年それぞれの子どもの数のバランスがよいことが理想的。1クラスは25～30人で構成される（3歳未満のクラスではもっと少人数のこともある）。
• 子どもたちは通常、教室全体に散らばっていて、ひとり、または2～3人で活動している。
• 子どもが喜んでいて、居心地がよいと感じ、安心している様子が明らかだ。

幼稚園を見学してその様子や雰囲気が気に入ったら、そしてわが子がその環境で幸せに学べると確信できるなら、その幼稚園とは相性がよいと言えるでしょう。

アクティビティーを見つけよう

この索引は、子どもの年齢にふさわしいアイデアやアクティビティーを手早く見つけるための目安になります。常にその子の発達や興味に合わせましょう。

赤ちゃんの五感を育てる（生後間もなくから）

トレジャーバスケット（6カ月から）

森の中を散歩する（1歳から）

服を着る（1歳6カ月から）

静けさゲーム（2歳から）

自然博物館コーナー（3歳から）

黒板に字を書く（4歳から）

索引

あ

か

参考ウェブサイト・参考文献

モンテッソーリ組織

Montessori Society AMI UK
montessorisociety.org.uk
教師養成の実施と認定幼稚園・学校のリスト提供。

Montessori Centre International (MCI)
mci.montessori.org.uk
教師養成カレッジ。

Montessori Education (UK)
montessorieducationuk.org
モンテッソーリ幼稚園・学校認定組織。

Montessori St Nicholas Charity
montessori.org.uk
親向けの情報誌を発行しているチャリティー団体。

The Montessori Foundation
montessori.org
世界中のモンテッソーリ幼稚園・学校の発展をサポートしているNPOの教育組織。親向けの情報誌も発行。

「子どもの脳で起きていること」出典

p.26 Perry, B (2000) 'Principles of neurodevelopment: an overview': a ChildTrauma Academy Presentation Series 1; No. 2, www.ChildTrauma.org.

p.86 Coldwell J, Pike A, Dunn J (2006) 'Household chaos – links with parenting and child behaviour': Journal of Child Psychology and Psychiatry, Nov 2006.

p.113 Piotrowski JT, Lapierre MA, Linebarger DL (2012) 'Investigating correlates of self-regulation in early childhood with a representative sample of English-speaking American families': Journal of Child and Family Studies, Apr 2013; 22(3): 423–436.

p.122 Wilhelm I, Rose M, Imhof K I, Rasch B, Beeches C, Born J (2013) 'The sleeping child outplays the adult's capacity to convert implicit into explicit knowledge': Nature Neuroscience, 2013, 16, 391–393.

p.145 The Dunedin Multidisciplinary Health and Development Study (DMHDS) – an ongoing, longitudinal study of 1037 New Zealanders from birth in the years 1972–73.

p.149 Wells, N M, Lekies, K S, (2006).'Nature and the life course: pathways from childhood nature experiences to adult environmentalism': Children, Youth and Environments, 16 (1), 41663.

p.177 Biemiller, A (2003) 'Vocabulary needed if children are to read well': Reading Psychology 24 (3–4): 323–335.

p.185 Lillard, A S & Else-Quest, N (2006) 'Evaluating Montessori education': Science Vol 313, Sept 2006.

謝辞

著者より

この本は、これまで著者が出会ったなかで最も偉大なモンテッソーリ教育者である下記の5人のおかげで書かれました。スーザン・スティーブンソン(『The Joyeful Child and Child of the World』著者、カリフォルニア州モデストのThe Michael Olaf Companyの共同設立者)、スーザン・トレイシー(イリノイ州シカゴの近くでモンテッソーリの幼児教育の教師養成を行っている)、K.T. コーンゴールド(子ども時代モンテッソーリ教育を受けて育ち、モンテッソーリ教育を実践する母親であり、才能あるライターであり、現在コネチカット在住)、ジャン・カッツェン・ルチェンタとテリー・シェリル(いずれもモンテッソーリ教育者、ライター、コンサルタントで、それぞれアリゾナ州フェニックスとフロリダ州オルランド在住)。彼らのアイデアのおかげで、私自身のアイデアは強化され、自分の体験を超えて理解を広げることができました。最後に、ロンドンのDKの編集者とデザイナーの偉大なチーム、そしてこの本をいきいきとしたものにしてくれたフォトグラファーたちに感謝を捧げます。

海外出版社より

オリジナルのデザインを手掛けたEmma ForgeとNicola Rodway、校正のAnn BaggaleyとNikki Sims、索引を制作したSue Bosankoに感謝します。モンテッソーリの教具を貸し出してくれたArtful DodgersのJacqui、撮影用プロップSugar提供の Bag BlueのAnna、写真撮影アシスタントのKevin Smith、Julianne Boag、Tor Godfrey、SarahWebleyにも感謝します。モデルは下記の通りです。

Chantal and Eden Richards, Danielle Rampton, Tom Offer, Sonny and Leon Halpenny, Lucius Waterman, Arianna Bellencin, Alessia Burke, Vanessa and Martha Coleman, Jessie and Cherry Eckel, Joanna and Imogen Key, Ben Houchen, Kevin Smith, Isabella and Alexander Moore-Smith, Amilia Rogers, Max Chidwick, Scarlett Sinclair, Joe Williams, Jessica Dopp, Max Newman-Turner, Findlay O'Brian, Poppy, Arthur and Delena McConnell Hunt, Sara, Andy and Lucy Kimmins, Jamie and Joseph Whiteaker, Esther and Sam duSalitoy, Julia, Chris, Rebecca and James Halford, Natalie and Holly Trumper, Amba and Ella Ritchie, Sian Munroe, John and Catherine McFarlane, Tania, William and Ella Stubbs, Alena Daley, Carol and Georgia Armstrong, Keisten Ralph, Marcia, Gemma and Will Gurney-Champion, Michael and Tom Noble, Sarah Webley, Mia and Amelie Nias, Madeline Banner, Heather Lewis, Oswin Moody, Matilda McCarthy, Rose Moss, Poppy and Lily Miller, Tor Godfrey, Anna and Fred Fordham, Julianne Boag, Isaac Gardner, Luc Drew, Emily Smith, Lily-Rose Spick, Sean O'Brien, Ella deVilliers, Emily Butcher, Catriona Roony, Darcy Zander, Freya Morrison, Anna Fitzgerald, Claudia Hurley, Ben Garard, James Chiradani, Patrick Willson, Maxim Georgiou, Will Harris, Vishaka Thakrar, Toby Droy, Rocio Chacon, Lucy Hawkins, Zoe Glasier, Sarah Bridgman, Helen Hatswell, Florence Hatswell, Louise Onikoyi, Freddie Allison, April Morgan, Flora Morgan, Alex Ng, Elizabeth Fox, Rose Lally, Maria Lally, Arthur Fox, Ollie Barnett, Georgia Barnett, Frazer Blaxland, Dawn Henderson, and John Hughes.

写真クレジット

DKは写真の使用を許可してくださった下記の著作権者に感謝します。
13 Library of Congress, Washington, D.C.
Harris & Ewing (br)
その他のすべての写真© Dorling Kindersley Limitedについての情報は下記をご参照ください。
www.dkimages.com

DK | Penguin Random House

この本で使われたアイデアは、著者自身のモンテッソーリ教師としての、また親としての経験と、著者がかかわってきた数多くの家族の生活や体験に基づいています。モンテッソーリ教育法は、何世代にもわたって幼稚園・学校でも家庭でも効果的に用いられてきましたが、読者が自分の家族でどの要素を採用するかについては、自分自身の判断で行うべきです。著者も出版社も、この本の情報や提案に基づくとされる損失や損害については責任を負いません。

著者　ティム・セルダン（Tim Seldin）

モンテッソーリ財団総裁、国際モンテッソーリ協議会会長。アメリカで最も著名なモンテッソーリ教育者であり、世界中で講演を行っている。

訳者　清水玲奈（しみず れいな）

ジャーナリスト。東京大学大学院総合文化研究科修了。ロンドンとパリを拠点に、執筆、翻訳、映像制作を行う。

才能を伸ばす驚異の子育て術モンテッソーリ・メソッド

2018年9月10日　初版第1刷発行

著者　ティム・セルダン
訳者　清水玲奈
発行者　澤井聖一
発行所　株式会社エクスナレッジ
〒106-0032 東京都港区六本木7-2-26
問合せ先　編集　TEL:03-3403-1381 ／ FAX:03-3403-1345
販売　TEL:03-3403-1321 ／ FAX:03-3403-1829
info@xknowledge.co.jp